U0647382

会计准则国际趋同策略

——基于综合收益价值相关性的研究

李尚荣　著

人民出版社

自　序

　　国际政治学家罗伯特·基欧汉和约瑟夫·奈认为,全球化产生了一个相互依赖的国家体系,在其中跨国规则和组织获得了影响力。在全球化的今天,正式和非正式的制度、规则、标准等组成的国际规则,已经超越国家的疆界,影响着不同国家的利益。与市场逻辑不同,国际的逻辑是控制经济发展和资本积累的过程,以增加本国的权力和经济福利。因此,对跨国规则的争夺已经成为国际政治的重要内容。

　　由于国际机制不仅在分配方面发生作用,而且也会对国家的独立自主带来影响,所以国际机制中的准则、规范和其他因素,一般都反映了该机制中占支配地位的大国权力和利益。2012 年 2 月 11 日,美国布鲁金斯学会罗伯特·卡根在《华尔街日报》上发表了一篇题为《为什么世界需要美国》的文章。这位备受奥巴马欣赏的国际政治学者直言:"现行国际秩序在很大程度上是由美国塑造并且反映美国利益的。如果力量的重心开始向别的国家转移,那么国际秩序也会相应向有利于这些国家的利益方向转移"。

可见，谁掌握了国际组织和规则，谁就拥有了形塑国际秩序的权力，谁掌握了跨国组织和规则，谁就赢得主动。

美国的中国经济问题专家巴里·诺顿在其《中国经济：转型与增长》中文版前言中旗帜鲜明地指出："今天，中国站到了大国的门口，即将跨入中等收入生活水平国家的行列。为迎接这一挑战并进入新的发展阶段，中国需要继续适应各种制度，构建自己的能力，并对急剧变化的环境灵活作出反应"。亨利·基辛格更是在其著作《论中国》中认为，经过30多年的改革开放和发展，"中国已经成为一个经济超级大国和塑造全球政治秩序的重要力量"。中国的力量需要体现可在国际组织和规则中不断扩大的话语权乃至决策权，这是中国经济发展的一个必然要求，也符合国际发展的趋势，更是"中国梦"中的一个镜像。

国际财务报告准则是国际规则重要组成部分之一，直接影响各国的经济利益，围绕国际财务报告准则的角逐充分说明，谁掌握了国际财务报告准则的制定权，谁就掌握了一种重要的国际规则话语权，就会赢得国家层面的成本竞争优势。利益之争和考量，决定了一个国家在会计准则制定过程中，不仅要考虑与国际惯例接轨，还要考虑如何影响国际财务报告准则的制定，提高本国的竞争优势。在全球化的今天，竞争优势使国家站到了赢得经济利益的制高点。

2007年，我国正式实施了与国际财务报告准则趋同的新企业会计准则，标志着我国会计准则建设取得了实质性进展。在我国会计准则建设过程中，坚持了"趋同是进步，是方向；趋同不等于相同；趋同是一个过程；趋同是一种互动"的策略；新企业会计准则实施以后，财政部发布了会计准则持续全面趋同路线图，进一步明确了会计准则的趋同方向和总体策略。客观地说，我国会计准则国际趋同策略很好地处理了国际规则与国家主权之间的关系，既提高了中国经济体系的透明度，又与中国国情相结合。

但中国会计准则实现国际趋同以后，在带来诸如增加透明度等好处的同时，也给我们带来些许掣肘，限制了政策选择的空间。因此，在持续趋同阶段，如何一以贯之地把握会计准则国际趋同的精神实质，是我国会计准则制定机构需要时刻思考和面对的现实问题。更重要的是，要在会计准则趋同过程中未雨绸缪，积极谋划，构建与我国经济地位相适应的会计强国地位，取得国际准则话语权乃至决策权，使得会计准则国际趋同更好地符合国家利益。

本书基于我国新会计准则实施后引入的第一项国际财务报告准则规定综合收益进行研究，并以此为窗口，透过这扇窗，采取解剖麻雀的方式，分析综合收益的实施效果，并借以提出会计准则国际趋同策略。

综合收益在近几十年中为各个会计准则制定机构渐次采纳，这一概念很好地协调了会计收益与经济收益的矛盾，体现了当今会计准则制定的主流观念——资产负债观和会计的反应性特点，更好地反映了布雷顿森林体系瓦解以来资产价值急剧变动的经济现实，适应了经济发展的要求。20世纪末，综合收益被英、美等国相继采纳，之后国际会计准则理事会在2007年发布的《IAS第1号——财务报表的列报》的修订版中，也正式引入了综合收益概念。该修订是2007年中国会计准则与国际财务报告准则实质趋同后，国际会计准则理事会生效的第一批规定之一。财政部于2009年以会计准则解释的形式，采纳了综合收益披露要求，实现了与国际财务报告准则的同步跟进。

但综合收益的引入，是否有助于实现财务报告决策有用性的目标，是否能很好地体现会计准则国际趋同的目的，是否存在路径依赖的问题，需要我们进一步去观察和思考。而这背后，折射出会计准则国际趋同的策略和要求。本书通过对综合收益的深入研究，分析综合收益内涵变迁和会计准则制定历程，实证检验我国综合收益的价值相关性，通过比较与美国和香港地区资本市场的差异，研判在会计准则国际趋同的背景下，该项会计准则引入我国的现实意义，并以此为基础提出我国会计准则持续趋同的具体政策建议。

本书研究的主要思路是透过综合收益价值相关性这一个别事项，归纳演绎会计准则国际趋同的整体效果及策略。这种"以点推面"的研究方法可能存在某些偏颇之处。同时囿于数据的局限、研究条件的限制，还存在一些不完善的地方，希望读者批评指正。

会计准则的国际趋同是一个长期的过程，不断提高在国际财务报告准则制定中的话语权也是一个不断累积的过程。但只有对趋同后各项国际财务报告准则规定进行详细评估和论证，仔细辨别，观鉴到底，才能准确地把握会计准则国际趋同的本质要求，更好地维护国家利益；也只有提前构建，从点滴入手，逐渐摆脱跟随的心态，才能在不经意间取得国际财务报告准则制定的主动。其过程和效果正如梁启超所言："虽聪察者，犹之不觉，然其所演生之迹，乃不可磨灭。"

李尚荣

2013 年 3 月 16 日于北京

目　录

1

1

绪　论

绪论部分阐述了本书的选题背景、研究目的与意义，界定了本书研究的主要问题，并对本书研究思路与方法、主要贡献和本书结构进行了说明。

1.1　研究背景

2007 年，国际会计准则理事会（IASB）发布了《IAS 第 1 号——财务报表的列报》修订版，将损益表改为综合收益表，明确了综合收益披露要求，并于 2009 年 1 月 1 日起生效。该修订是中国会计准则与国际财务报告准则（IFRS）实质趋同后，IASB 生效的第一批规定之一。2009 年 6 月，财政部发布了《企业会计准则解释第 3 号》（以下简称为“第 3 号准则解释”），要求在利润表中增加“其他综合收益”、“综合收益总额”等项目，将综合收益引入我国，实现了与 IFRS 的同步跟进。

综合收益是近几十年在英美兴起并陆续被会计准则制定机构所采纳的一个概念。在实施综合收益披露准则前，英美已有相当长的公允价值会计实践，对综合收益概念也已进行了长期的理论研究，形成了丰厚的理论基础。但即便如此，在综合收益披露准则制定过程中，各利益相关者之间仍展开了长期而广泛的博弈。相比较而言，在我国实施第 3 号准则解释前，综合收益概念并未广为人知，理论研究也非常有限；在第 3 号准则解释制定和实施过程中，各方反应平淡，也未引起财务报告编制者和使用者的足够关注。作为一项外源性的准则规定，综合收益能否提高财务报告的决策有用性，需要从理论和实践上加以检验。

实际上在国外，综合收益价值相关性是一个长期以来备受理论与实务界争议的话题。近年来国外研究结果并未得出完全一致的结论：有研究认为，其他综合收益信息具有显著的增量价值信息含量。也有研究显示，综合收益并不比净利润具有更强的价值相关性。在我国，虽然已有学者做过相关研究，但都是基于第 3 号准则解释发布前股东权益变动表中的数据进行的，研究结论也不完全一致。而对第 3 号准则解释发布后，利润表中正式披露的其他综合收益、综合收益的价值相关性，以及我国综合收益价值相关性与其他国家、地区的比较，尚无系统研究。基于此，本书对第 3 号准则解释发布后综合收益的价值相关性进行了实证研究，并对同期美国股市、香港股市的情况进行了比较研究。

综合收益价值相关性仅仅是一扇窗，透过这扇窗，更为重要的是要研究我国会计准则国际趋同的具体策略问题。近几年，我国会计准则国际趋同取得了显著成效，新企业会计准则平稳实施，并得到了 IASB、世界银行、欧盟、香港会计师联合公会等国际组织的认可和赞赏。但是这些成绩只能表明既往选择的正确，并不代表未来所有的趋同选择都必然符合我国的客观环境。

2008 年国际金融危机爆发后，国际组织积极推进 IFRS 的完善与修订。作为未来的潜在使用者，我国会计准则制定机构也召集相关企业积极参与讨论研究，并结合我国实际情况向 IASB 提出意见与建议，但修订后的准则明显存在不适合我国国情的规定，如取消股权类金融工具成本计量条款等。针对这项修订，在财政部征求意见的过程中，金融实务界提出了很多质疑，认为该修订更多地反映了美国等西方国家的经济环境，若应用于我国，很可能产生较高的执行成本，而无法实现提高财务报告质量的目的。同样，对于综合收益披露准则，从会计实务角度来看，相关信息披露可能并未提高决策有用性，也没有改变企业管理行为，而仅仅增加了企业财务报告编制和披露成本。

面对这些情况，在国际趋同的大方向下，针对 IASB 持续的准则修订，我国会计准则该如何应对，是亟待研究与解决的问题。

1.2　研究目的与意义

1.2.1　研究目的

本书选择我国会计准则国际趋同后，IASB 发布的第一批准则规定之一——综合收益为突破口，重点是通过分析综合收益内涵变迁和相应准则制定历程，实证检验我国综合收益是否具有价值相关性，比较其同美国和香港地区资本市场的差异，以对综合收益的引入效果进行评价，并分析其背后的原因，在此基础上，提出我国未来会计准则国际趋同的具体对策建议。具体来说，本书拟研究下列问题：

1. 综合收益的理论内涵及变迁，从理论角度判断综合收益概念的合理性。

2. 综合收益准则的国际比较，从准则制定历程研究综合收益的接受程度以及准则制定应遵循的原则。

3. 实证检验中国内地以及香港、美国资本市场上综合收益的价值相关性，以期发现综合收益价值相关性在不同国家和地区间是否存在差异。

4. 综合收益价值相关性问卷调查，以直接了解我国社会各界对综合收益的认识与态度。

5. 分析综合收益价值相关性国别差异的原因，并基于原因分析，将综合收益个别事项研究的结果推广到整体会计准则的制定，提出我国会计准则趋同的政策建议。

1.2.2 研究意义

本书整体采用归纳与演绎的研究方法，研究意义总体上体现在两个方面：一方面，检验我国综合收益的价值相关性，并将之同其他国家和地区进行比较，以对国际趋同背景下引入综合收益的实施效果进行评价；另一方面，将综合收益的研究成果与我国会计准则国际趋同结合起来，以对未来会计准则趋同策略进行研究。本书有以下理论意义与现实意义：

1. 理论意义

（1）对综合收益的理论内涵进行全面梳理，丰富我国会计理

论研究的内容

我国对综合收益的研究主要是对国外理论研究和会计准则制定情况的介绍，从经济收益与会计收益产生源头及发展历程，对综合收益理论内涵进行的专项深入研究并不多见。本书通过对会计、经济史的分析，对综合收益理论源头进行探求，厘清其内涵，不仅有助于丰富我国会计理论研究的内容，更有助于综合收益在我国的应用与推广。

（2）厘清综合收益价值相关性实证研究的方法，为后续研究提供清晰的脉络

之前综合收益价值相关性的研究，之所以没有得出一致、清晰的结论，研究方法的混乱、自变量定义的多样性是重要原因。后来的学者在对前人研究结果进行引用、借鉴时，往往未对已有结果进行深入分析，对研究模型及变量进行修正和调整缺乏科学的理论支持。本书对国内外文献进行深入分析，对前人的研究方法、研究变量进行全面梳理与评价，在批判的基础上进行继承，归纳总结相关模型，以厘清综合收益价值相关性实证研究方法。这不仅为当前综合收益价值相关性的实证研究提供了较为完整的视图，更为后续研究提供了清晰的脉络和基础。

（3）证实《企业会计准则解释第 3 号》实施后，我国资本市场综合收益价值相关性

本书在对国内外相关文献进行深入分析的基础上，通过统一的价格模型、报酬模型、增量报酬模型，对我国资本市场 2009—2010 年综合收益、其他综合收益价值相关性进行了实证研究。本研究无疑是对我国在该实证研究领域的有益补充。

2. 现实意义

（1）比较不同国家综合收益准则的制定历程，为会计准则制定提供借鉴

综合收益概念具有理论上的合理性与先进性，但不同国家在制定综合收益准则时并非一帆风顺。本书通过梳理、比较不同国家综合收益准则的制定历程，归纳会计准则制定中的制约因素，为其他会计准则的制定提供有益借鉴。

（2）了解综合收益概念在我国的被认知程度，为评价综合收益实施效果提供依据

目前为止，我国综合收益价值相关性研究主要是基于对资本市场数据的实证检验，本书研究中对我国大陆范围内，综合收益价值相关性进行问卷调查，直接了解综合收益概念在我国的被认知程度以及对经济决策的有用性，为验证实证结果以及评价综合收益实施效果提供有力支持。

（3）为我国今后会计准则持续趋同提供政策建议

这是本书研究的最终目的，也是最重要的研究意义所在。面对 IFRS 的各项新修订，以及有关各方在 IFRS 制定过程中的角逐，如何把握我国既定的会计准则国际趋同策略，最大限度地维护国家利益，是任何一位会计工作者都需要思考的问题。本书在对综合收益价值相关性进行深入研究的基础上，客观分析影响价值相关性的各项原因，并结合国际趋同和中国经济发展的大背景，提出我国今后会计准则持续趋同的具体政策建议，以期对今后会计准则的发展有所裨益。

1.3 研究思路与方法

1.3.1 研究思路

本书的研究思路可简单概括为"透过一个主题,分析背后原因,解决一个问题"。

首先,以综合收益价值相关性为切入点,在全面梳理会计学收益与经济学收益发展历程的基础上,对综合收益的内涵进行阐述,从理论上推导其产生的合理性与必要性;对主要国家和地区综合收益概念及会计准则发展的历程进行梳理和归纳,明确在会计准则制定中综合收益具体应用情况;针对不同国家和地区,对综合收益价值相关性进行实证研究,发现存在国别差异的现象。

其次,针对综合收益价值相关性国别差异进行具体分析,并从政治、法律、经济体制等视角进行比较研究,找出存在国别差异的可能原因;通过问卷调查,直接了解企业管理者、机构投资者、审计师等对综合收益的理解与态度等;分析我国引入综合收益没有实现会计准则制定目标的具体原因,推导出综合收益准则趋同应有的策略选择。

最后,从综合收益价值相关性的理论与实证研究结论扩展开来,对我国会计准则国际趋同这一命题进行研究。结合我国综合收益价值相关性的具体原因、国际准则趋同历程和背景,以及会计准则国际趋同的制度成本分析等,研究解决我国会计准则国际趋同策略问题,提出相关政策性建议。

1.3.2 研究方法

与研究内容相对应，本书综合应用规范研究、实证研究和问卷调查等方法，从不同的角度完成对本书选题的研究论证。其中：理论研究是基础，用于解释现状和预测未来；实证研究是检验，用以检验理论分析的结果和实际状况；问卷调查是佐证，用以解释实证结果发现的问题。

1. 规范研究

本书的规范研究主要包括：对综合收益理论内涵及变迁的分析，意图分析证实综合收益的合理性与理论意义；对会计信息与企业价值的相关理论综述，对会计准则的性质进行分析，对综合收益准则进行国际比较研究，为实证研究寻找理论基础；对会计准则国际趋同的合理性、必然性进行研究，对会计准则国际趋同成本进行分析，并根据实证研究结果，对我国会计准则持续趋同策略进行研究。

2. 实证研究

本书分别使用价格模型、报酬模型以及增量报酬模型，对我国沪市 A 股市场、香港联交所市场、美国纽交所市场的综合收益价值相关性进行实证研究，以考察三地之间综合收益价值相关性是否存在差异。由于已有研究未能得出一致、清晰的结论，本书在进行实证研究之前，对已有实证研究文献进行综述研究，分析不同文献采用的研究方法，总结不同研究模型，对文献具体使用的因变量、自变量以及得出的结论进行详细分析。

3. 问卷调查

为直接了解我国社会各界对综合收益的态度与认识，本书通过对企业管理者、机构投资者和审计师进行调查，从综合收益的认知情况、关注程度、使用情况、对决策过程和结果的影响程度等几个方面，分析综合收益在从事不同业务领域的人员之间的感知和使用行为差异。

1.4 结构安排

本书共分 7 章，可分为 3 个部分，整体结构安排可概括为图 1-1：

第 1 章和第 2 章是本书的第一部分，属于提出问题与研究准备篇。

第 1 章为绪论，阐述本书的研究背景、目的与意义，并介绍本书研究方法、思路和主要内容。

第 2 章为相关理论基础，对综合收益的理论内涵及变迁、会计信息与企业价值相关理论进行回顾与评价，对会计准则的性质进行阐述，为本书研究提供知识准备。其中，对综合收益理论内涵进行分析发现，综合收益是会计收益与经济收益经历背道而驰后走向相互调和的结果，也是会计收益概念经历否定之否定后的结果。综合收益更加符合当今会计准则制定的主流观念——资产负债观，与传统的会计收益——净利润相比，更加接近经济的本质，也更加适应布雷顿森林体系瓦解以来资产价值极具波动性的经济现实，具有理论上的合理性与先进性。

第 3、4、5 章构成本书的第二部分，是分析问题篇，主要是对综合收益价值相关性进行国别比较研究。

第3章为综合收益准则国际比较研究，介绍了综合收益依次为英国、美国和IASB所采纳的过程，并分析综合收益为不同会计准则制定机构渐次采纳的背后原因，以及各方围绕准则制定开展的角逐。本章在分析后指出，综合收益为不同会计准则制定机构所采纳，最重要的是为了满足决策有用的会计目标。在此基础上提出以下问题：我国引入综合收益，有没有更好地提高决策有用性？

第4章是综合收益价值相关性国别差异实证研究。首先对综合收益价值相关性文献进行了综述研究，分析梳理了研究方法，对已有研究结论进行了评价。其次，分别对我国沪市A股、港股和美股2009—2010年的净利润、其他综合收益以及综合收益的价值相关性进行了实证研究。由于美股、港股研究结果发现了与以往所有研究结果完全不同的结论——会计盈余不具有价值相关性，为排除金融危机特殊环境的影响，对美股2005—2007年的净利润、其他综合收益以及综合收益的价值相关性进行了拓展研究。最后，在实证研究的基础上指出，综合收益在美国具有较强的价值相关性，实现了会计准则决策有用的目标；但在中国综合收益不具有价值相关性，没有提供有价值的增量信息。实证研究证明，综合收益的引入，没有实现我国会计准则制定机构提高决策有用性的会计目标。

第5章分析了综合收益价值相关性存在国别差异的原因。首先分析了政治法律、经济等外在环境因素。接着结合综合收益在我国的实际应用情况，以问卷调查的方式，分析了综合收益在我国的决策有用性。调查结果显示，综合收益在我国尚未得到广泛关注和应用，对决策的支持作用不明显。最后，对我国综合收益价值相关性低于净利润的原因进行了分析。本章的研究说明，综合收益的价值相关性受外在环境的影响，而我国问卷调查的实际结果支撑了这一观点，并验证了实证结果。

第 6 章和第 7 章是本书的第三部分，属于解决问题篇。

在综合收益价值相关性研究结论及原因分析的基础上，第 6 章结合会计准则国际趋同的发展趋势，从会计准则国际趋同带来的制度成本和外在环境对会计准则执行效果的制约等角度分析，提出在会计准则国际趋同的既定策略下，今后我国会计准则制定的具体政策建议，包括：（1）要将 IFRS 视同经济学家所说的"名义锚"，成为各国会计准则制定机构的"准则锚"，在会计国际趋同中主要起到"锚定"的作用。（2）准确把握中国在 IFRS 制定中的角色和作用，从跟随到引领，取得与中国经济地位和经济发展相适应的准则话语权。（3）合理把握会计准则的技术规范性质，要化繁为简，减少财务报告的冗长和会计准则的晦涩，构建"财务报告云"，更好地发挥会计的社会功效。（4）科学设定会计准则制定程序。建立透明的会计准则认可机制，更好地把握准则的制定权并实现与国际准则制定机构的互动。在确定具体趋同方法时，应基于经济后果和成本效益的评估，并吸纳各方尤其是企业界广泛参与，提高准则博弈程度。（5）加强会计准则配套体系建设，更好地发挥会计准则的作用。

第 7 章对全书进行了总结。在综合全书研究内容的基础上，总结了本书的主要研究结论和研究发现，对我国在未来会计准则国际趋同中应采取的策略提出了政策建议，并指出了本书的研究局限和未来研究方向。

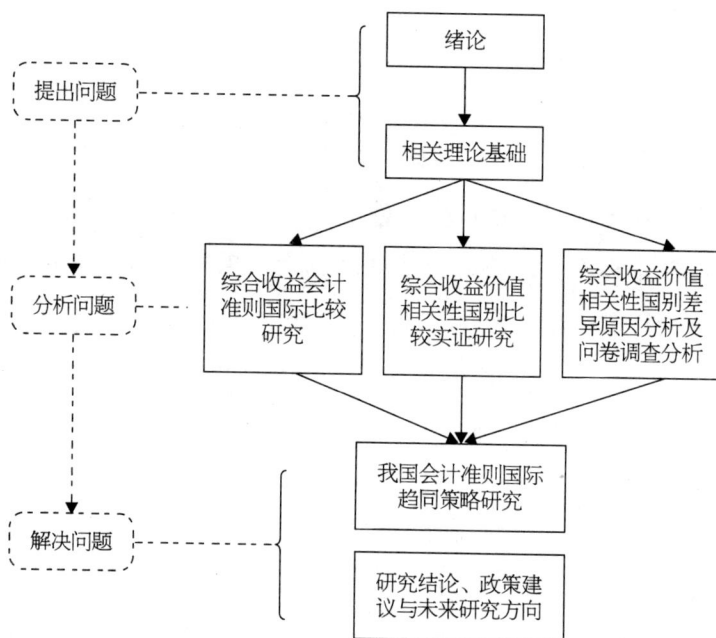

图 1-1 本书结构框架图

2

相关理论基础

我们在寻求现存事物，以及事物之所以称为事物的诸原理与原因。[①]

——亚里士多德

会计信息作为对经济活动的客观反映，为财务报告使用者提供了决策有用的信息，并受到会计准则的约束和规范。会计理论的发展伴随着与经济理论的持续互动，也充分体现了会计的反映性特点。会计准则不断借鉴会计理论的研究成果，确保会计准则合理性和内在逻辑的一致性，并更加符合经济发展的要求，而实证研究进一步检验了会计理论和会计准则的科学性、合理性。综合收益也不例外，有关综合收益的理论内涵、会计信息与企业价值的作用机制、会计准则的性质等文献，为本书的研究提供了理

---

① ［古希腊］亚里士多德著：《形而上学》，吴寿彭译，商务印书馆2009年版，第133页。

论基础。

2.1 综合收益的理论内涵

综合收益是会计领域中的一个概念，但作为对经济活动的客观反映，这一概念的背后，必然有其真实的经济含义。因此，只有清楚地了解综合收益产生的源泉和发展脉络，才能更好地把握其在会计领域中的作用，才能更加准确地判断其与企业价值的真正关系。

2.1.1 经济学收益内涵

研究经济学收益内涵，是对收益本质的探索。人类出现伊始，便在不断地创造和积累财富，对人类社会经济活动的描述、归纳和解释，是经济学的首要任务，收益则是经济学家在完成这一任务过程中必然使用的一个核心概念，因此，对收益概念的探讨，一直是经济学家重要的兴趣所在。

艾哈迈德·R.贝克奥伊在其 1981 年出版的《会计理论》①一书中，从经济学角度，对收益内涵的历史变迁作了精彩归纳。贝克奥伊认为，第一个将收益定义为财富增加的经济学家当首推亚当·斯密（Adam Smith）。斯密在其 1776 年出版的《国民财富的性质和原因的研究》中写道："在总收入中减去维持固定资本

---

① 艾哈迈德·R.贝克奥伊教授的《会计理论》是被会计界人士奉为圭臬的一本经典著作，初版于 1981 年，先后于 1985 年、1992 年、1999 年、2004 年进行了 4 次修订。

和流动资本的费用，其余留供居民自由使用的（部分）……换言之，乃是以不侵蚀资本为条件，留供居民享用的资财。"① 随后，以马歇尔（Alfred Marshall）为代表的一些古典经济学家将这一收益概念引入企业，具体区分了固定资本和流动资本、实物资本与收益。不过马歇尔还强调，收益的确认要以"实现"为标准。

20世纪后，费雪（Irving Fisher）、林德赫尔（Lindehall）和J.R.希克斯（J.R.Hicks）提出了关于经济收益②性质的一些新观点。

费雪（Irving Fisher）把经济收益定义为对应不同状态的一系列事件，包括精神收益（psychic income）、真实收益（real income）和货币收益（money income）。精神收益是指精神或心理需求的满足程度，不能够直接计量；真实收益是指经济财富的增加及消费，能够以生活成本进行计量；而货币收益则指以货币计量的经济财富增加。费雪还进一步阐明了收益与资本之间的关系，认为资本是某一时点上的财富存量，而收益则是某一时期内的财富流量，并指出"真实收益"是会计领域最具可行性的概念。此后，"真实收益"逐渐成为经济学界的研究重点。

林德赫尔（Lindehall）把收益理解为利息，是资本随着时间而不断增加的价值。特定时期的利息和预期消费之间的差额称为储蓄（saving）。这一理念导致公认的经济收益概念的产生，即经济收益指某一期间将要发生的消费和储蓄之和，其中，储蓄等于

---

① ［英］亚当·斯密著：《国民财富的性质和原因的研究》，郭大力、王亚南译，商务印书馆1972年版，第262页。
② 本书中所述的经济学收益等同于经济收益、会计学收益等同于会计收益。

经济资本的变化。用公式表述为：

$$Ye = C + (K_t - K_{t-1})$$

其中，

$Ye = $ 经济收益；

$C = $ 消费；

$K_t = t$ 期的资本；

$K_{t-1} = t-1$ 期的资本。

在费雪和林德赫尔的基础上，诺贝尔奖获得者 J. R. 希克斯进一步发展了经济收益理论，并对经济收益作了最为完整的阐述。在其 1946 年所著《价值与资本》一书中，提出了事前收益（ex ante）和事后收益（ex post）两个概念。前者是指"一个人在某一时期内可能消费的数额，并且他在期末的状况保持与期初一样好"，后者是指"一定期间内，消费额与资本价值的增值或贬值之和或之差"。希克斯的收益概念得到了广泛认可，并成为西方经济学中经济收益理论的核心概念，对会计收益概念及收益确定理论产生了很大影响。不过需要注意的是，事前收益与事后收益都是基于不同时点对未来预期收益的估计。亚历山大（Sidney Stuart Alexandre）把希克斯的经济收益概念引入公司，认为公司的年度收益是："公司向其权益所有者分配的数额，要能保持公司年底的境况和年初的境况一般好。"①

从经济学领域收益概念的变迁可以看出，经济学家们倾向于以未来事项的现实价值增加来定义收益。收益计量与资产计量密

---

① 转引自裘宗舜、吴茂著：《现行成本会计论》，辽宁人民出版社 1992 年版，第 21 页。

不可分，资产需要依据其未来预期收益的现值进行计价，而收益
则是某一期间净资产现时价值变动的结果。经济收益概念体现了
当下主流的会计计量观念——"资产负债观"，其理论价值与现
实意义不可低估，因为它立足于计量企业的真实收益，而非名义
收益，从而提供了良好的决策基础。但由于经济收益包含了较多
对未来预期情况的估计，有着较强的主观色彩，因此，制约了其
在会计实践中的应用和发展。

2.1.2 会计学收益的早期内涵

不同时期，人们对会计收益存在着不同的理解和看法，这与
经济发展和理论研究成果一脉相承，也体现了会计发展的成果。
在 20 世纪 30 年代以前，主流的收益计量观是资产负债观，收益
主要是资产净价值变动的结果。20 世纪 30 年代至 70 年代，收益
理论成为会计的核心，收入费用观大行其道，收益主要是按照一
系列会计方法所计算的收入超过费用或成本的剩余。20 世纪 70
年代以来，收入费用观又退居次席，资产负债观成为会计准则制
定的主流观念。对会计收益内涵的理解，需要沿着这一发展脉络
去思考①。会计收益内涵的发展阶段可用图 2-1 表示：

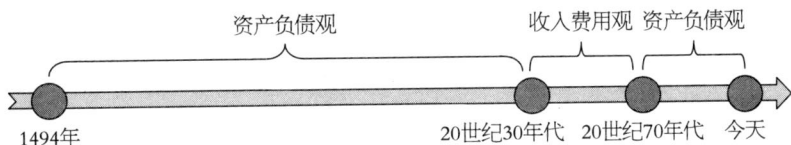

图 2-1 会计收益内涵发展阶段图

---

① 在本章关于会计收益发展历史的描述中，除特别说明外，均以美国和英国的
　情况为基础。

1. 早期会计收益的内涵

会计产生之初并没有收益概念。从历史发展过程看，中世纪地中海沿岸的商人们簿记的主要目的是为了进行财产管理，簿记主要反映的是资产，而不是收益。当时还没有明确的收益概念，也没有完整的收益确定模式。因为当时生产与交易及其组织形式相对简单，商人往往在一次贸易结束或一次航海活动完成之时即进行清算，不需要人为进行会计分期，财富变动也不复杂，影响其变动的因素及金额往往一目了然。通过两个资产负债表日（期初与期末）净资产的比较，就可以确定利润了。

1494 年，卢卡·帕乔利在出版的《算数、几何、比与比例概要》一书中，对威尼斯商人使用的簿记方法进行了认真总结，明确提出了资产、负债、损益、资本等要素的概念。不过从其通篇行文可以看出，帕乔利没有提及财务报表的提供，也没有尝试直接确定一定期间的利润，其所界定的损益，是通过期初、期末资产负债价值的变动轧差计算出来的。查特菲尔德则对这一时期收益的确定情况做过专门论述①：

尽管经常存在计算利润的要求，但自动地计算利润的方法在 16 世纪的会计账簿中尚未确立，而且，它也不是采用复式簿记的主要动机……17 世纪的簿记技术与现代簿记技术的显著区别是没有定期结账和定期决算。决算手续与随时发生的事件相关，这是指一次航海结束时、总账记满时、企业出售时、合伙解散时、商人破产或死亡时。当时，并没有定期决算的概念。早期的

---

① ［美］迈克尔·查特菲尔德著：《会计思想史》，文硕、董晓柏等译，中国商业出版社 1989 年版，第 85—87 页。

许多教科书建议只有在总账记满时才能结账……缺乏权责发生制会计和定期决算，混淆总账中的私人交易和企业交易，表明当时人们对计算总利润并不关心。短期投机交易账户的余额表示特定商品和特定航海的利润。一般认为，总利润是两个决算日之间由于各种原因所带来的商人拥有的全部财产价值的变动或"剩余"。决定利润总额并不是它的目的，而是决算过程的副产品。损益账户呈现出作为单纯的过渡账户的倾向……簿记员可以按他们的意志，没有顾虑地估价资产对资产负债表价值的利润额的影响……如果还编制资产负债表，那么，这份报表就不是价值的计算表，而是商人们的资产和负债盘存表。

帕乔利在其著作中对资产、负债的计量原则还做了以下描述①：

　　……在易货交易按上述方法加以描述之后，应按照你所提交的货物的现行价值，对特定的货物进行货币计价……我将蔗糖估价为每百单位 24 塔卡特……我将姜片估价为每百单位 X X 塔卡特……

可见，这一时期会计收益的确认主要依赖于资产、负债的变动，并充分体现了现值计量的原则。因此，早期会计领域中收益的确认主要遵循了资产负债观，会计收益概念与经济学的收益概念较为接近，简单直观地体现了收益是财富的增加（亚当·斯密）。

2. 近代会计收益内涵的变迁

20 世纪 30 年代以前，收益通常仍被视作资产和负债价值变动的结果。虽然收益计算的实践和方法得到了不断的丰富和发

---

① ［意大利］卢卡·帕乔利著：《簿记论》，R. G. 布朗等译（英文版），林志军、李若山等译（中文版），立信会计出版社 2009 年版，第 51—52 页。

展，但收益计量仍是资产计价的附属物，损益报告并没有得到应有的重视。从会计发展的历史可以清晰地看出这一点。

19世纪中叶，在铁路公司的报告和一些司法判决中，确定净利润的"方法"是从资产负债表的剩余金额或副产品中得出"净收入"或"利润"。① 在1900年，资产计价的盘存法，仍然被广泛地使用着。对大多数采用这种方法的企业而言，利润乃是所有资产价值由于各种原因而变动的结果。② 曾任美国注册会计师协会（AICPA）副主席的乔治·O.梅指出："重温一下会计、法律和经济文献就会发现……，1913年，这些领域的英国和美国学术权威们都同意收益就是'资产净值增加'的概念"。③ 佩顿也写道："在会计理论的研究中，损益表重要性不大，它只是对资产负债表中已有要素的详细表述"。④ 斯蒂芬·吉尔曼评估了第一次世界大战后的会计理论，同样认为收益没有成为财务报告的中心。⑤

---

① ［美］加里·约翰·普雷维茨、巴巴拉·达比斯·莫里诺著：《美国会计史——会计的文化意义》，杜兴强、于竹丽译，中国人民大学出版社2006年版，第93页。

② ［美］迈克尔·查特菲尔德著：《会计思想史》，文硕、董晓柏等译，中国商业出版社1989年版，第352页。

③ 转引自［美］迈克尔·查特菲尔德著：《会计思想史》，文硕、董晓柏等译，中国商业出版社1989年版，第393页。但查特菲尔德对乔治·O.梅的看法似乎不太认可。

④ ［美］加里·约翰·普雷维茨、巴巴拉·达比斯·莫里诺著：《美国会计史——会计的文化意义》，杜兴强、于竹丽译，中国人民大学出版社2006年版，第286页。

⑤ ［美］加里·约翰·普雷维茨、巴巴拉·达比斯·莫里诺著：《美国会计史——会计的文化意义》，杜兴强、于竹丽译，中国人民大学出版社2006年版，第285页。

即使是在马克斯·韦伯的著作中，也可以看出当时收益主要是资产计价的结果。在 1922 年出版的《经济与社会》中，韦伯指出："资本核算……其手段是估价营利活动开始时经营的总资产（货物和货币），并在营利过程结束时对现存与新增资产进行同样的估价，然后对二者加以比较……'资本'就是经营者在账面上结存的可用营利手段的货币价值，'利润'与相应的'亏损'则是最初的结存与该核算期结束时的结存之间的差额。"①

但这一时期，会计收益的理论和实践也得到了很大的发展。主要推动因素包括：一系列成文法规所支持的法庭判例，规定股份公司只能从当期收益或累计收益中发放股利。这就使得企业有必要清晰地划分资本和收益，人们开始重视收益的概念及其确定模式（查特菲尔德，1989）。大规模的工业化生产和股份公司的出现，导致持续经营概念的产生，需要会计核算按固定期间来进行，产生了计算定期收益的概念。工商业的迅速发展促进了会计理论与实务的发展，产生了成本会计以及系统的折旧方法等，实现了收入与费用的合理配比，促进了企业收益计算方法的优化与改进。

但由于资本市场尚未得到充分发展，企业经营的资金主要来源于所有者、银行或其他债权人，而他们主要关心的是企业短期偿债能力，企业的对外财务报告只局限于资产负债表，收益计量仅是资产计价的附属物，损益报告并没有得到应有的重视。

2.1.3　会计学收益的丰富与发展

"会计与经济是相关联的学科"，这一点广为人知，但二者对

---

① ［德］马克斯·韦伯著：《经济与社会》（第一卷），阎克文译，上海人民出版社 2010 年版，第 188 页。

相同事项的处理方法，有时却大相径庭。这在对收益的理解和认识上，表现得尤为明显。会计人员一般喜爱用物品的实际过去成本来衡量物品的价值；经济学者喜爱用物品的市场价值，或替代成本来衡量其价值。[①] "对于多数经济学家而言，过去即为死亡；而对于会计学家而言，未来是不存在的"。[②] 经济学更关注未来，以及决定未来的各项决策，会计学更多地考虑过去以及财务报告的可验证性，这是导致现实生活中经济收益与会计收益出现较大差异的最主要原因。20 世纪 30 年代至 70 年代，是经济收益与会计收益渐行渐远，而又渐行渐近的过程。

1. 两种领域下收益的背道而驰

自希克斯之后，经济学界对收益内涵的认识趋于统一。爱德华兹和贝尔基于希克斯的研究结论，进一步将收益定义为：在不考虑股利分配及股东新投入的情况下，管理层在期末预期能够从现在的净资产中获取的价值增加的折现值与通过相同方法确定的期初值之差。[③] 布坎南[④]、乔尔迪安持有相同的观点。亚历山大指出："……主观计量与客观计量之间的差别必须统一起来……这是最终真实所期望的……"。[⑤] 经济学家们在本质上坚持基于

---

① [美] 保罗·A. 萨缪尔森、威廉·D. 诺德豪斯著：《经济学》（第 12 版），中国发展出版社 1992 年版，第 751 页。

② Edwards. E. & P. Bell, 1961, *The Theory and Measurement of Business Income*, Berkeley: University of California Press, p. 1: that for much of economics the past is dead, whereas for much of accounting it is the future which is nonexistent.

③ Edwards. E. & P. Bell, 1961, *The Theory and Measurement of Business Income*, Berkeley: University of California Press, pp. 24 – 25.

④ Buchanan, N. S. , 1940, T*he Economics of Corporate Enterprise*, New York: Holt, p. 213.

⑤ Dean, J. , 1951, *Managerial Economics*, New York: Prentice-Hall, pp. 13 – 14, 203.

未来预期的财富增加这一收益内涵。当然，经济学家们也承认，这种主观性的定义，难以进行客观计量，因此建议公司资产市场价值的变动也许是最好的估计。①

在会计学界，随着股份公司的发展，逐渐形成了独立于经济学的理论体系。资本市场尤其是股票市场的发展，对收益确认提出了更高的要求。如何系统而准确地计算收益，逐渐成为会计学界关心的中心议题。大约从 20 世纪 30 年代起，损益表逐渐成为主要财务报表。

1928 年和 1929 年英国的《公司法》第一次要求企业向股东大会提供年度损益表。20 世纪 30 年代，美国证券交易委员会（SEC）和 AICPA 积极推崇将收益确定视作一个相关成本与收入配比的过程。AICPA 在 1936 年出版的 1917 年关于审计手续公告的第二次修订版中，"将损益表和资产负债表摆在相同的位置"。②"到 30 年代末，纽约证券交易所、证券交易委员会和注册会计师已认识到投资者主要对'未来收益'感兴趣，因此损益表必须是会计的核心"。③

随着收益确定的重要性日趋上升，导致了一系列会计理论和方法的发展。尤其是《公司会计准则导论》（1940）与《会计理

---

① 希克斯、布坎南、亚历山大都发表过这一观点，详见 Dean, J., 1954, *Measurement of Real Economic Earnings of a Machinery Manufacturer*, The Accounting Review, 29(2), pp. 255-266.

② ［美］迈克尔·查特菲尔德著：《会计思想史》，文硕、董晓柏等译，中国商业出版社 1989 年版，第 202 页。

③ ［美］加里·约翰·普雷维茨、巴巴拉·达比斯·莫里诺著：《美国会计史——会计的文化意义》，杜兴强、于竹丽译，中国人民大学出版社 2006 年版，第 302 页。

论结构》（1953）两书的出版，在美国会计界产生了重大影响。由此，收入费用观深入人心，资产负债表沦为收益表的附表。①

  W. A. 佩顿与 A. C. 利特尔顿合作的经典著作《公司会计准则导论》，被公认为将收益确定的重要性发展到新高峰的标志。此后，收益表成为第一报表。书中，他们全面深刻地阐述了收入与成本的配比，认为会计师本质上是"成本员"，而非"估价师"；同时指出："会计主要是作为计算剩余或余额，即成本（作为努力）和收入（作为成果）之间差额的一种方法而存在"，"会计的基本问题是在计量定期收益的过程中将已发生成本在当期和未来期间进行分配。"②

  在《会计理论结构》③ 中，A. C. 利特尔顿进一步发展了上述思想，认为企业管理当局的主要职责是受托责任，不仅要保护资产完整，更要创造收益。但资产负债表没有直接反映受托责任，没有明确体现企业的经营成果。如果说资产负债表是一幅使所有循环活动处于"停止"状态的快照，那么收益表则是对一个特定期间内发生的大量活动的总结，能够更加详尽地反映管理当局所作出的努力。这一理论，很好地支持了财务报告的重心从资产负债表向收益表的转移。此外，在计量方法上，A. C. 利特尔顿尤为推崇历史成本计量的原则，认为会计所确认的事项，必须是客

---

① 葛家澍著：《制度·市场·企业·会计》，东北财经大学出版社 2008 年版，第 175 页。
② ［美］W. A. 佩顿和 A. C. 利特尔顿著：《公司会计准则导论》，厦门大学会计系翻译组译，中国财政经济出版社 2004 年版。
③ ［美］A. C. 利特尔顿著：《会计理论结构》，林志军等译，中国商业出版社 1989 年版。

观、可验证和可靠的。

A. C. 利特尔顿等人的观点是当时会计学界的主流观点，极大地影响了会计准则制定机构以及美国 SEC 的工作理念。直到 20 世纪 60 年代，会计准则的制定还一直秉承这一观点，收益计量主要体现了收入费用观，即收益是收入超过费用或成本的剩余，而收益的确定主要是基于会计分期、持续经营、历史成本、收入实现、配比及稳健等一系列会计假设和原则。

由于会计收益的计算采取历史成本法，并基于实现原则，在价格波动较大的市场环境下，必然导致会计收益与经济收益的背道而驰。实际上，"在过去的 200 年间，会计学上的企业收益概念和经济学上的企业收益概念是朝着完全相反的方向发展的"。①

2. 经济环境变化后的相互调和

随着经济环境的剧烈变化，包括通货膨胀的出现、汇率浮动、金融工具创新不断涌现等，向传统的会计计量原则提出了挑战，人们对收益信息的决策有用性提出了质疑。为了使会计信息更加真实、准确地反映经济现实，理论和实务界不断进行探索。

在协调经济收益与会计收益方面作出了卓越贡献的经济学家莫过于爱德华兹和贝尔。为解决经济学家与会计学家长期以来在收益概念方面的争议，这两位经济学家撰写了经典著作《企业收益：理论与计量》。与其他极力推崇希克斯的主观收益而批判会计收益的经济学家不同，爱德华兹和贝尔承认主观经济收益在实际确认与计量时面临的困难，因此力求探讨一个新的企业收益

---

① ［美］迈克尔·查特菲尔德著：《会计思想史》，文硕、董晓柏译，中国商业出版社 1989 年版，第 399 页。

（business profit）概念，使其既能体现应有的经济内涵，又能满足会计确认与计量的要求。他们赞同主观收益的理论价值，认为一个年度的企业收益应当体现为该企业资本净值的增值，但并不认同将企业市场价值的变动确认为损益，因为它不能客观计量，因而无法应用于实际经营中。他们认为："在没有分红和股东新增投入的情况下，收益应当以管理层在期末时点，预期未来能够从企业当前持有的净资产获取的净收入的折现值，与期初时点进行相同估计的折现值之差"。①

在此基础上，他们将经济收益与会计收益相结合，提出了"企业收益"的概念，主要内容包括：（1）当期营业利润（current operating profit），指销售收入超过本期生产和销售所耗费的现行成本的数额；（2）可实现的成本节约（realizable cost saving），是本期所拥有的资产价格的增加额；（3）已实现的成本节约（realized cost saving），是本期已销商品的历史成本与现时购进价格之间的差额；（4）已实现的资本利得（realized capital gains），是处理长期资产时销售收入大于历史成本的差额。他们认为："这些增量的总和为投资者提供了测定相对'富裕程度'的尺度和详细分析公司经营成果和可比财务状况的合理出发点。"

2.1.4　综合收益的提出

"尽管经济学家和会计人员对其所处理的问题存在不同的视角或目的，但是这些问题从本质上说是一致的"。② 随着会计目

---

① Edwards. E. & P. Bell, 1961, *The Theory and Measurement of Business Income*, Berkeley: University of California Press, , 1961, pp. 24 – 25.

② Kemper Simpson, 1921, *Economics for the Accountant*, Arno Press Inc.

标由受托责任观向决策有用观的转变，会计学家也注意到了传统会计收益的缺陷，开始吸收经济收益概念。综合收益应运而生。但这一转变是一个渐进的过程，直到20世纪70年代，资产负债观逐渐取代收入费用观，重新被会计准则制定机构确立为收益计量的主要观念后①，综合收益的披露规定才开始在各国会计准则中出现。

1. 综合收益概念的提出

1957年，美国会计学会（AAA）概念和标准委员会在《公司财务报表的会计和报告标准》一文中指出，企业应当在报表中反映资产持有利得，以反映价值变化，同时保持已实现收益和未实现收益的区分。1964年，AAA概念和标准委员会②发表了一份报告书，用以修正和扩充1957年公报。报告书认为："该委员会一致同意可检验的资产价值的变动应在会计账簿中予以记录。这样，将现实成本与收入进行配比和反映资产的'现时经济意义'的优点，就可以与实现和未实现利润额是以证据的不同质量为依据这一事实公开地结合起来"。1980年，在美国财务会计准则委员会（FASB）发布的第3号财务会计概念公告（SFAC 3）中首次引入了综合收益这一会计要素，并给予了明确的定义，即"企业在报告期内，从业主以外的交易以及其他事项或情况所产生的权益变动，它包括报告期内除业主投资和派给业主款以外的一切

---

① FASB1974年10月发布的《财务会计准则报告第2号：研究和开发成本会计》，以及1975年3月发布的《财务会计准则报告第5号：或有事项会计》，标志着FASB开始认为资产负债观优先于传统的收入费用观。

② ［美］迈克尔·查特菲尔德著：《会计思想史》，文硕、董晓柏译，中国商业出版社1989年版，第403页。

权益上的变动。"①

2. 综合收益的特点

与传统的收益概念相比，综合收益具有以下特点：

（1）综合收益的定义是资产负债观的直接体现

按照资产负债观，在会计要素的定义与分类中优先定义资产和负债，再以资产和负债的变动来定义其他会计要素，而除与业主交易之外的所有者权益（或净资产）的变动就被定义为综合收益。综合收益和与业主的交易（业主投资和派给业主款）一起，全面地解释了某一期间内企业资产与负债的变动净额。

（2）综合收益是反映经济活动对特定企业业绩影响的总括指标

综合收益包括报告期内除与业主交易外所有者权益（或净资产）的变动，除了净利润外，还包括传统收益难以处理和反映的物价变动，或者其他外在环境事件所引起的未实现资产或负债的价值变动，便于财务报告使用者完整了解报告期内产生（而不是实现）的净资产全部变动。例如，外币折算调整、最低养老基金债务调整和某些债务性与权益性投资等项目，其未实现利得和损失等虽不属于传统收益的内容，但都应纳入综合收益予以反映。这些项目有一个共同的特点，即它们都是未实现的，按照收入实现原则，不能被包括在收入费用观下的传统收益中。

（3）综合收益要求在会计处理中严格区分价值创造和价值

---

① 1985 年 12 月，FASB 颁布的 SFAC 6《财务报表的要素（Elements of Financial Statements）》取代了 SFAC 3，但未改变综合收益的概念，主要是增加了非营利组织的有关规定。

分配

综合收益要求确认和计量所有形式的权益变动，但将属于价值分配性质的权益变动（业主投资和派给业主款）排除在外，避免业主权益混淆价值创造项目（综合收益）与价值分配项目（业主投资和派给业主款）。这体现了综合收益的一个基本思想，即要将不创造价值的分配活动从创造价值的活动中区分出来，揭示企业报告期内源于价值创造的权益变动。

3. 制定综合收益会计准则的呼声

综合收益概念的正式提出，促进了相关理论和实务的发展，以会计准则的形式规范综合收益列报方式的呼声越来越高。

1991 年，美国学者 Loudell Ellis Robinson 在《报告综合收益的时代已经来临》一文中指出："FASB 在 1984 年定义的盈利既没有在收益表中报告，也没有在其他单独报表中报告。报告综合收益的时代已经到来。伴随着企业经营活动的复杂化和多样化、使用者集团的多元化，均要求企业报告全面的、综合的收益信息。"①

1993 年，美国学者 Sutton 和 Johnson 发表《现行价值：寻找出路》一文，建议制定一种新的报表，以便将公允价值变动包含在资产负债表中，但未必列示于收益表内。建议的方法是在资产负债表、收益表和现金流量表之外，增加第四张报表，以协调报告财务状况和报告收益两个目标之间的冲突。作者在文中指出："我们的框架将保留现行财务报表的必要结构，但在报表中对市

---

① Loudell Ellis Robinson, 1991, *The Time has Come to Report Comprehensive Income*, Accounting Horizons, p. 109.

价给予更多的确认。将现行市场存在的金融资产在资产负债表中以公允价值列示。这些资产未实现的价值变化在资产被出售前都是暂时的，因为被排除在传统的收益计量之外，所以应在一张新的第四财务报表中报告……在现行会计准则下，大部分利得和损失在收益表中报告，我们建议准则制定机构对引进第四张报表给予认真的考虑……以解决报告某一时点财务状况和报告某一会计期间收益目标之间的矛盾。"

1993 年，美国投资管理和研究协会（AIMR）在其研究报告《20 世纪 90 年代的财务报告及其未来》中，明确表达对越来越多的财富被排除在收益表之外的担忧。该报告指出，"盯市"（Mark-to-Market）会计的实施之所以存在阻碍，是因为它会增大报告盈余的波动性，认为从为在多个领域内提供更好、更有用的财务报告来说，综合收益表是必需的。该报告最后总结道："我们的立场是 FASB 应当将综合收益从理论推向应用。我们相信这些意见是强有力的，并希望在不远的将来能看到在这一问题上取得进展。"①

1995 年 8 月，在 FASB 发布的立场公告"建立金融工具会计准则的原则"中，FASB 委员 Leisenring、Northcutt、Swieringa 认为，应在可操作的范围内采用公允价值计量金融工具，金融工具公允价值变动形成的利得和损失应报告为综合收益的一个组成部分，而不是作为所有者权益的组成部分列示于资产负债表中。他们指出，要想在与金融工具有关的许多问题上取得真正进展，如

---

① AIMR(The Association for Investment Management and Research), 1993, *Financial Reporting in the 1990s and Beyond*, p. 88.

何报告综合收益及其组成部分是首先必须提出，并予以解决的一个问题。

　　鉴于上述各项推动因素，FASB 决定将制定综合收益会计准则提上议事日程，要求企业在确认综合收益各组成项目的同时，将其在收益表或财务业绩报告中予以全面报告。

2.2　会计信息与企业价值

　　会计信息是按照一定规则计量与反映企业经营成果的，企业价值则代表了企业目前及未来的盈利能力。会计信息能否反映企业价值、哪些信息能够更好地反映企业价值、会计信息怎样作用于资本市场等，一直是理论界热衷研究的话题。从更高的层次看，会计信息与企业价值之间的关系①，实际上是在会计信息"决策有用观"流派的理论框架下展开的研究，而有效市场假说（EMH）与资本资产定价模型（CAPM）则是支撑该流派的两大基本理论。20 世纪六七十年代之后，会计信息与企业价值之间的各项研究，可以说均是在此基础上的演化、发展。

　　作为本书后续综合收益价值相关性实证研究的理论基础，此处将重点梳理分析以鲍尔和布朗（Ball & Brown，1968）为代表的决策有用性的信息观，以及以奥尔森（Ohlson，1995）为代表的决策有用性的计量观。

---

① 所谓会计信息价值相关性，是指股票价格或其变化与特定会计数据之间的联系（Holthausen, R. W. and R. L. Watts, 2001）。

2.2.1 决策有用性的信息观

1. 信息观下会计信息与股票价格的关系

按照一般的财务理论，公司的股票价格是其未来现金流量（即股利），按一定的贴现率折现后的现值。这其中，会计信息可能会对投资者形成未来股利支付的预期产生影响，进而影响股票价格，这就是通常所说的信息观（information perspective）。

根据 Beaver 的总结①，会计盈余对股价的作用机理可以分成相互衔接的三个阶段：（1）当期会计盈余预测未来会计盈余；（2）未来会计盈余影响未来的股利支付能力；（3）预期股利折现值决定企业的价值。该关系可如图 2－2 所示：

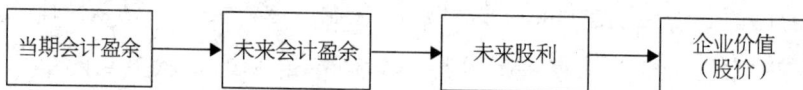

图2-2　当期会计盈余与股价作用机理图

首先，通过当期会计盈余预测未来会计盈余。当期会计盈余反映了当期经营的成果，然而对于未来，我们永远无法准确预测，最佳的选择是基于历史资料加以判断。正如雨果在《笑面人》中所言："历史是过去传到将来的回声，是将来对过去的反映"。当期公布的会计盈余数据直接影响财务报告使用者对未来会计盈余的判断，是其预期公司未来发展的基础。

其次，根据未来会计盈余的预期来判断未来股利。虽然财务学基本理论表明，未来股利水平受多种因素影响，如企业的股利

---

① Beaver, W. H., 1968, *The information content of annual earnings announcements*, Journal of Accounting Research, The supplement to Vol. 6, pp. 67－72.

支付政策等，但是未来会计盈余与未来股利之间存在一定的相关性，得到了许多研究的证明。有研究表明，未来会计盈余是未来股利支付能力的指示器，更有实证研究对盈余变动与股利变动的相关性进行了数理检验①。因此，从未来会计盈余到未来股利，构成了会计盈余与未来股价作用机理的第二个环节。

最后，通过未来股利来判断企业价值（或股票价格）。这是财务学的一项基本观点，即公司的股票价格是未来现金流量（主要为股利）按照特定贴现率进行折现的现值。因此，可建立股票价格与未来股利预期的函数。

综上可对当期会计盈余与股票价格的关系做如下总结：当期会计盈余影响未来会计盈余预期，未来股利与未来会计盈余存在一定的比例关系，而公司股价又是未来股利的函数。因此，当期会计盈余与股票价格确实存在紧密联系。将这一关系进行推广，可以得出当期会计盈余变动与股票价格的联系。因此，在信息观下，对会计信息与股票价格之间的关系进行的验证，均是围绕会计盈余信息的水平或变动在多大程度上会导致股票价格也发生相应变动而展开的。

2. 信息观下的具体研究方法

信息观下对会计信息与股票关系的研究，通常采用事件研究法和关联研究法。

（1）事件研究

在事件研究中，首先要确立一个研究事件，如信息披露、盈

---

① Ohlson, 1989a; Easton, P. D. & M. Zmijewski, 1989; Easton, P. D. & T. S. Harris, 1991; Easton, P. D., Harris, T. & J. Ohlslon, 1992 等。

余公告等。通过比较事件发生前、发生时和发生后的短期股票价格水平变化或交易量变化，来推断会计事件（如盈余公告）能否向市场参与者传递新信息，研究的时间窗口相对较短。基本逻辑是：如果在会计事件发生前后股票价格发生显著变化，那么可以得出会计事件向市场传递了关于公司未来现金流量的新的相关信息，包括金额、发生时间和不确定性等。正是这些新的信息，修正了市场原先的期望，使投资者据以调整他们的投资策略。

（2）关联研究

关联研究主要是检验会计盈余水平与股票报酬之间的相关关系。其中，会计盈余水平与股票报酬是同一会计期间的，时间窗口相对较长（通常为一年或更长）。关联研究的目的在于检验某一期间，引起股票报酬变化的信息集合中，是否包括会计盈余信息，以及会计盈余信息在整个信息集合中所占比重。价值相关性研究领域的盈余反应系数（earnings response coefficient）研究即关联研究的一种，主要研究某一股票的超额回报相对于发行该股票的公司报告盈余中的非预期因素的反映程度。不过由于现实世界中，市场参与者能够通过其他途径，如财务分析师的预测、新闻媒体的分析等，接触到其他更多、更为及时的公司未来现金流量相关信息，因此，在关联研究中，并不假设会计信息是投资决策所需信息的唯一来源。

（3）Ball & Brown 等人的研究

会计领域中资本市场实证研究的先河为 Ball & Brown 所开创，他们第一次提供了令人信服的证据，证明股票的市场价格会对会计信息作出反应。他们的研究中既进行了事件研究，也进行了关联研究。

在研究中，Ball & Brown 首先以上一年的实际收益值为替代变量，计算了每个样本公司的非预期收益，并将其分为两组：一组是实际收益高于预期收益（好消息，GN），另一组是实际收益低于预期收益（坏消息，BN）。其次，根据 CAPM 的市场模型，估计样本公司超额累积报酬。然后，对非预期收益的变化方向与超额累积报酬的变化方向进行了相关性分析。研究发现，非预期收益和超额累积报酬之间具有显著性的正相关关系，从而证明会计盈余公告具有信息含量。但 Ball & Brown 的研究证据同时还表明，85%—90%的股票价格变化发生在盈利公布月之前，即包括季度盈余在内的其他信息来源，比年度会计盈余信息优先了大约85%，年度会计盈余信息对股票价格的影响实际上是非常有限的。

Ball & Brown 及其后学者的研究，将评估会计盈余信息含量与股票价格的关系，逐渐演变成未预期盈余与超额报酬率之间的关系，形成了后续在研究会计盈余与企业价值相关性中的报酬模型。

2.2.2 决策有用性的计量观

在信息观下，学者们探讨的仅是会计信息与股票价格之间的相关性以及相关程度，而未考虑市场是怎样把信息传递到股票价格中去的，这种情况下，股票价格的形成是一个黑匣子。同时，信息观有一个重要假设——市场有效性假设，即股票价格能够反映公司的价值。在信息观产生之后的数十年中，该理论在股票市场研究中一直占据主导地位。

然而，到了 20 世纪 80 年代末 90 年代初，人们发现股票价格不仅与市场有效信息相关，还受到噪音交易者（noise traders）的噪音影响，甚至出现了许多市场过度反应的异常现象。人们认为股票市场可能并没有人们所假设的那样有效。对有效市场假说的怀疑，促使人们开始重视股票内含价值，把研究兴趣转移到股票价格的计量模型上来，从而产生了会计研究方法的计量观（valuation model perspective）。

与信息观不同，计量观立足于直接研究会计数据在股票定价中的作用，它通过数学模型，来解释会计信息是怎样传递到股票价格中，从而揭开了股票价格形成过程这一黑匣子。同时，在计量观下，通过将模型计算得出的股票内含价值与股票价格进行比较，进一步发现股票价格是否存在高估或低估现象，进而判断会计信息是否有用以及市场是否有效。

计量观的建立主要可归功于 Feltham & Ohlson 模型。1995年，Feltham & Ohlson 提出了"净盈余理论"（Clean-Surplus Theory，简称 CST），建立公司价值和股票报酬同资产负债表、收益表数据的关系，从而提供了一个与计量观相一致的理论框架（司可脱，2000）。

净盈余理论认为，公司价值的根本决定性因素是股利，所有股利的现值构成公司价值。该理论首先假定了一个符合以下四项条件的理想状态：企业未来现金流量的折现率是确定不变的，使用者知悉企业可能出现的所有状态，公众可以观察到每种状态的结果，并且每种状态出现的概率是客观且众所周知的。Feltham & Ohlson 认为，在上述理想状态下，公司的市场价值可以用财务报告变量来表示；并在经典股利贴现模型基础上，考虑超额收益和其他市场信息后，构建了与会计盈余账面价值相联系的市场价值模型。

经典股利贴现模型为：

$$P_t = \sum_{\tau=1}^{\infty} \frac{E_t(D_{1+\tau})}{(1+r)^{\tau}} \qquad 公式\ 2-1$$

Feltham & Ohlson 在研究中假定人们对风险无显著偏好，因此可使用无风险理论作为贴现率，并将超额收益定义为实际收益率与无风险收益率之差，具体如下式表示：

$$AX_t = X_t - r * BV_{t-1} \qquad 公式\ 2-2$$

其中，X_t 和 AX_t 分别表示实际报酬和超额报酬，r 是无风险利率，BV_{t-1} 表示期初账面价值。

根据净盈余理论，期末账面价值一定等于期初的账面价值加上会计盈余减股利，即 $BV_t = BV_{t-1} + X_t - D_t$，结合公式 2-2 和净盈余理论，第 t 期的股利等于：

$$D_t = AX_t - BV_t + (1+r)BV_{t-1} \qquad 公式\ 2-3$$

将公式 2-3 带入公式 2-1，则可得到：

$$P_t = \sum_{\tau=1}^{\infty} (1+r)^{-\tau} E_t [AX_{t+\tau} - BV_{t+\tau} + (1+r)BV_{t+\tau-1}]$$

$$公式\ 2-4$$

展开公式 2-4，并假定 $(1+r)^{-\infty} E_t [BV_{t+\infty}] \rightarrow 0$，则有：

$$P_t = BV_t + \sum_{\tau=1}^{\infty} (1+r)^{-\tau} E_t(AX_{t+\tau}) \qquad 公式\ 2-5$$

上述等式关系成立的必要条件是所有利得和损失都必须通过收益表反映，这也是该理论"净盈余（clean-surplus）"名称的由来。收益表是净盈余理论的源泉所在（司可脱，2000）。非常盈利的预期现值为零的情况，被视为 Feltham & Ohlson 模型的特殊情形，称为"无偏见会计（unbiased accounting）"。此时，非常盈利不具有持续性，公司全部价值都在资产负债表上得到体现，而收益表没有任何信息含量。

由于在现实中上述理想状态并不真正存在，因此 Feltham & Ohlson 认为，这也就从相反的角度证明了收益表有着重要作用。为此，他们进一步假定超额收益满足自回归的时间序列特征，用 ω 表示自相关系数，而预期值还受其他信息 ν 的影响。同时，假定这些其他信息也具有自相关特征，用 γ 表示其他信息的自相关系数，则有：

$$AX_{t+1} = \omega AX_t + v_t + \varepsilon_{1,\,t+1}$$
$$v_{t+1} = \gamma v_t + \varepsilon_{2,\,t+1}$$

公式 2-6

其中，v_t 表示其他信息的影响，$\varepsilon_{i,\,t}$ 是期望值为零的残差项，ω 和 γ 是存续常数，$\omega,\ \gamma \in (0,\ 1)$。当 ω，γ = 0 时，表示处于无偏见状态，然而，在现实中常见的是 ω，γ > 0，即上年出现状态的影响会持续到未来年度，比如由于利率提高导致第一年出现不好的状态，这个经济影响很可能会超出当年。而通常 ω，γ < 1，即指，在一段时期后，任何特定年度非常盈利的影响都会消失，例如利率升高的影响最终会消失。概括地讲，竞争最终会消除正（负）的非常盈利。

考虑上述因素后，可得出下式：

$$P_t = BV_t + \alpha AX_t + \beta V_t$$

公式 2-7

净盈余理论表明：企业非正常收益愈高、持续能力愈长或者能获取该收益的净资产愈多，收益表对企业价值的影响就越大。即收益表对投资者评价公司价值的作用也就愈重要。因此，计量观可谓从数量上确定了会计信息与股价间的函数关系，分析会计信息如何影响股价以及影响程度的大小。那些 R^2 过低或达不到价值相关性的文献只能将原因归结为其他因素的影响，包括市场的无效率等等。事实上，其他重要的信息来源和它们的相对重要性水平、市场机构的情况、会计监管和会计实务发展的情况等等，都可能影响到估值，但这些因素都没能在 Feltham & Ohlson 模型中体现出来，因此要直接对该假说进行检验是困难的。

Feltham & Ohlson 模型虽逻辑推理较严密，但存在关于非会计信息的度量、动态线性信息的假定等，Collins & Maydew & Wiss（1997）在上述模型基础上进行了简化，得到了修正后的模型：

$$P_t = \alpha_0 + \alpha_1 bps_t + \alpha_2 eps_t + \varepsilon_t \qquad 公式\ 2-8$$

其中，bps_t 表示 t 期的每股净资产，eps_t 表示 t 期的每股盈余，P_t 表示 t 年年报公布后公司股票的每股价格。此模型成为后续会计信息价值相关性报酬模型的基础。

2.2.3 两种观念下的模型应用：报酬模型与价格模型

Ball & Brown 的研究开创了会计收益与股票价值或价格相关性实证研究的新领域。在这一领域中，信息观与计量观两种不同的理论观念导致了两类基本模型——报酬模型与价格模型。会计学者后续的研究均是在这两个基本模型基础上演变展开的，这也是本书实证研究的模型基础。

1. 报酬模型

报酬模型中，主要以投资回报为因变量，研究考虑规模影响之后的会计盈余与其的回归关系。

Easton & Harris（1991）归纳了实证研究中使用的三类报酬模型：报酬水平模型、报酬变动模型以及混合模型。

（1）报酬水平模型：

$$R_{jt} = \alpha + \beta[A_{jt}/P_{jt-1}] + \varepsilon_{jt} \qquad \text{公式 2-9}$$

其中，$R_{jt} = (\Delta P_{jt} + d_{jt})/P_{jt-1}$，$P_{jt-1}$ 是公司 j 第 t 年年初的股票价格，A_{jt} 是 j 公司第 t 年全年的每股收益。α 和 β 分别是回归的截距系数和斜率系数，ε 是残差项。

该模型的基本理念是，股票价格与账面价值都是衡量公司股东权益价值的指标，其关系可用以下公式表示：

$$P_{jt} = BV_{jt} + u_{jt} \qquad \text{公式 2-10}$$

其中，BV_{jt} 是 j 公司在时间 t 的每股账面价值，u_{jt} 是 P_{jt} 与 BV_{jt} 之差。市价与账面价值之差可能由很多因素导致，包括谨慎的会计处理、其他已在股价中反映但未在会计账务数据中体现的信息等。对其求一阶差分得到，

$$\Delta P_{jt} = \Delta BV_{jt} + u'_{jt} \qquad \text{公式 2-11}$$

由于一般而言，

$$\Delta BV_{jt} = A_{jt} - d_{jt} \qquad \text{公式 2-12}$$

其中，A_{jt} 是 j 公司第 t 年全年的每股收益，d_{jt} 是支付的每股股利。将公式 2-12 带入公式 2-11，整理后得到：

$$(\Delta P_{jt} + d_{jt})/P_{jt-1} = A_{jt}/P_{jt-1} + u''_{jt} \qquad \text{公式 2-13}$$

回归方程即为基本报酬模型。

（2）报酬变动模型

之前的研究文献中也提出了基于收益的估值模型，即

$$P_{jt} = \rho A_{jt} + \nu_{jt} \qquad 公式 2-14$$

Ohlson（1989）认为，根据 MM 股利无关理论（Miller & Modigliani），如果公司 j 在 t 时点分配了股利，则上述公式可写为：

$$P_{jt} + d_{jt} = \rho A_{jt} + \nu_{jt} \qquad 公式 2-15$$

对其求一阶差分后可得到：

$$(\Delta P_{jt} + d_{jt})/P_{jt-1} = \rho [\Delta A_{jt}/P_{jt-1}] + v'_{jt} \qquad 公式 2-16$$

该模型表示收益的变动除以期初股价与当期证券回报之间存在线性关系。

上述方程回归后即可得到报酬变动模型

$$R_{jt} = \beta_{t0} + \beta_{t1}[\Delta A_{jt}/P_{jt-1}] + \varepsilon_{jt} \qquad 公式 2-17$$

与基本报酬模型相同，$R_{jt} = (\Delta P_{jt} + d_{jt})/P_{jt-1}$，$P_{jt-1}$ 是公司 j 第 t 年年初的股票价格，ΔA_{jt} 是 j 公司第 t 年全年的每股收益与第 t-1 年每股收益之差。

（3）混合模型

由于在实务中，大多数公司的股价既受账面价值的影响，也受收益的影响，有学者提出报酬模型应是一种混合模型。Ohlson（1989）将纯粹的账面价值模型与纯粹的收益模型进行了合并，提出了一个加权账面价值与收益的模型，即

$$(\Delta P_{jt} + d_{jt})/P_{jt-1} = k\rho[\Delta A_{jt}/P_{jt-1}] + (1-k)[A_{jt}/P_{jt-1}] + \omega_{jt}$$
$$公式 2-18$$

其中，k 指收益变动与收益水平在解释股票回报时各自的权重。

该模型回归后可以得到下述多变量报酬模型：

$$R_{jt} = \gamma_{0t} + \gamma_{1t}[A_{jt}/P_{jt-1}] + \gamma_{2t}[\Delta A_{jt}/P_{jt-1}] + \varepsilon_{jt}$$

公式 2 - 19

2. 价格模型

与报酬模型不同，价格模型的形式比较统一。在 Feltham & Ohlson 模型之前，会计与资本市场的研究中经常用到的价格模型如下：

$$P_t = \alpha + \beta X_t + \varepsilon_t \qquad 公式 2 - 20$$

而在 Feltham & Ohlson 模型出现以及 Collins & Maydew & Wiss 进行修正后，会计盈余价值相关性研究中，通常均使用了下面的价格模型：

$$P_t = \alpha_0 + \alpha_1 bps_t + \alpha_2 eps_t + \varepsilon_t \qquad 公式 2 - 21$$

3. 报酬模型与价格模型差异分析

价格模型的基本原理与报酬模型相同，即研究股票价格与每股盈余之间的回归关系。但是从统计学角度看，二者还存在一定差异。Kothari 与 Zimmerman（1995）的研究中，对此进行过详细分析。经过对 1952—1989 年间美国上市公司的数据回归，证实了两位作者关于价格模型与报酬模型的分析预测，即价格模型的斜率系数（盈余反应系数）要比报酬模型的偏误小。通过价格模型回归得出的盈余反应系数与市场的预期收益率的相关性和回归效果也明显优于报酬模型。但是另一方面，相比报酬模型，价格模型也有不足之处。在回归模型的异方差检验中，价格模型明显要比收益模型显著，也就是说，报酬模型的计量经济学分析的结果更好。因此，研究者在选择价格模型与收益模型的时候总是要面临权衡取舍：选择价格模型，很可能会得到具有更好经济学解释力的盈余反应系数；选择报酬模型，则会得到更好的计量回归效果，但是斜率系数的偏误却较大。因此，Kothari 与 Zimmerman 提醒研究者在对两种模型的选择上应当注意它们各自的局限性，要根据具体的研究需要更好地设计和运用模型。

2.3 会计准则的性质

会计准则的性质，是要回答会计准则的本质，以及会计准则的目的、为谁制定、由谁制定、如何制定等基本问题。对这些问题的回答，是对会计准则制定及国际趋同的合理性、有效性进行研究评价的前提与基础，也是确定会计准则未来发展方向的理论依据。关于会计准则的性质，国内外学者进行了大量研究，综合来看，大致有以下几种代表性的观点①。在分析会计准则的性质时，应当重点结合会计兼有技术性和社会性的特征，从会计准则具有客观技术规范和经济后果性质两方面进行分析，尤其应当注重分析会计准则的经济后果。

---

① 此部分主要参考：葛家澍、刘峰：《从会计准则的性质看会计准则的制定》，《会计研究》1996 年第 2 期；以及刘峰：《会计准则研究》，东北财经大学出版社 1996 年版。

2.3.1　会计准则是客观技术规范

会计准则作为保证会计信息输出的规范，必然要客观地反映经济实质，并体现公共物品的特点，以降低私人交易达成契约的成本。会计准则作为连接会计理论与会计实务的纽带和桥梁，需要与经济发展相适应，这就是会计准则的客观性，即会计准则是一种客观的约束手段，是反映经济活动、确认产权关系、规范收益分配的会计技术标准。①

会计准则从其诞生伊始，就凸显了客观性的特点。20世纪大萧条以后，会计实务的放任、泛滥，以及缺乏有效约束等，深受会计学界所诟病。在这一背景下，迫切需要建立一整套技术规范，以作为"检验实务的标准和未来实务改良的指针"。因此，会计准则必须是"有序、系统、内在一致，应能与可观察的客观现实相吻合"。同时，"它们应该是不受个人所左右的（impersonal）、无偏见的（impartial）"。② 在此影响下，人们倾向于将会计准则作为一种客观的技术规范，其目的在于使会计实务达到科学、合理和内在一致，它不应受任何限制，"置之四海而皆准，行之万世而不移"。会计准则的客观技术规范的特点，使其能够超越国界，成为各国的会计行为规范，并能够为不同行业、不同组织形式的企业所采用。

显而易见，上述观点是目前全球范围内会计准则趋同的理论

---

① 王军：《关于中国企业会计准则体系建设与实施的若干问题》，载于《企业会计准则（2006）》，人民出版社2007年版。

② ［美］W. A. 佩顿、A. C. 利特尔顿著：《公司会计准则导论》，厦门大学会计系翻译组译，中国财政经济出版社2004年版。

基础，正是由于会计准则本身具有技术规范这一天然属性，使得会计准则国际趋同成为可能。

2.3.2 会计准则具有"经济后果"

会计准则作为约束会计信息输出的标准，不仅仅是客观的技术规范，因为会计信息表面上是一组抽象的数字，但这些数字背后代表了特定的经济含义，不同的会计信息将会产生不同的经济影响。因此，会计准则必然带有"经济后果"这一社会属性。

1. 从历史的角度看，人们很早就意识到会计准则具有经济后果

正如卢卡·帕乔利在《簿记论》中所指出的那样："给每样物品确定一个适当的现时价格。价格宁可高估而不要低估。这样，你将能获得较高的利润"。[①] 因而，人们一直就试图对会计信息的生成与报告加以约束和规范，来保证会计准则的经济后果具有公平性和社会性。

英国《公司法》中的"真实与公允"[②] 思想，其中公允就是希望会计信息如实地反映经济活动，是公正的、不偏不倚的，避免为特定利益服务。它强调的是会计信息的外在经济效果，显然

---

① ［意］卢卡·帕乔利著：《簿记论》，林志军、李若山等译，立信会计出版社2009年版。

② 1844 年，英国的公司法要求，公司的资产负债表必须"充分和公允"（full and fair）；1897 年，修订后的英国《公司法》又规定：核数师在报告中必须判明企业的财务报表是否"真实和正确"（true and correct）；1947 年，英格兰及威尔士特许会计师协会（ICAEW）建议用"真实和公允"代替"真实和正确"。自此，"真实和公允"成为一个广为接受的会计观念并一直沿用至今。——来源于 MBA 智库百科。

是从经济后果角度出发的。

在美国，会计信息的经济后果表现得就更为明显。如早期铁路业不计提折旧费用，并且大量发放现金股利。这种做法，实质上以损害长期投资者的利益，来使短期投资者获益，以便吸引更多的投资；20世纪大萧条以前，会计师们更是巧妙地运用职业经验，分别不同企业采用所谓"恰当"的计价方法，一定程度上助长了大萧条的到来。这些都是不当会计准则可能带来不良经济后果的有力证明。

2. 近现代学者的研究为会计准则的经济后果提供了理论依据

美国著名会计学家斯蒂芬·泽夫（Stephen A. Zeff）教授在1978年12月号的"Journal of Accountancy"上发表的《"经济后果"学说的兴起》（The rise of "economic consequences"）一文认为，从20世纪60年代起，美国会计界开始意识到会计信息的经济影响。按照泽夫的理解，经济后果是指财务报告影响政府、企业、工会、投资人和债权人的决策行为，受影响的决策行为反过来又会损害其他相关方面的利益。

泽夫的观点得到会计界的广泛认可。人们充分认识到，不同的会计准则将产生不同的会计信息，不同的会计信息将影响到不同主体的利益，并具有不同的经济后果。20世纪70年代兴起的实证会计研究，通过推论、验证，认为企业选择一种而放弃另一种会计政策，主要是出于自身利益的考虑（Watts and Zimmerman，1986），这从数理统计的角度验证了会计准则的经济后果。

按照这些学者的论述，会计准则对经济的影响可以归纳为三个方面：

（1）对财务报告使用者的影响。即投资者、债权人等财务报告使用者，面对具有不同信息内容的财务报告将会作出不同的抉择，影响其决策行为和结果。

（2）对报告编制者的影响。即为了取得市场的正面评价，财务报告编制者会通过选择性地使用会计政策，达到粉饰财务业绩的目的，或者选择使财务报告更"漂亮"的经济行为。

（3）对"搭便车"的影响。公司财务报告一旦在公开市场上公布，就会被所有的市场参与者无偿获得。包括竞争对手在内的非法定财务报告的接受者，同样可以无代价地取得公司财务信息并从中获益。

会计准则具有经济后果，要求会计准则制定者站在一个更宽广的角度，看待会计准则制定及国际趋同问题，而不能拘泥于纯粹的技术要求。

3. 会计准则制定过程中的政治化程序更是经济后果的直接延伸

会计准则制定过程，本身就是政治化的程序。会计准则在制定过程中往往伴随着政治干预，这在相当程度上就是经济后果的直接延伸。最早对会计准则制定的政治干预，就与会计准则的经济后果分不开。在美国财务会计准则（GAAP）的制定过程中，出现多起美国证券交易委员会（SEC）直接干预准则制定的情况，包括否定已订立的准则等。本书研究的综合收益列报这一主题，从《美国财务会计准则第130号——报告综合收益》（SFAS 130）征求意见稿只允许将综合收益作为损益表的一部分进行披露，到正式发布时给予企业披露选择权（将综合收益作为损益表的一部分进行披露，或作为股东权益变动表的一部分进行披露），直接体现了会计准则具有经济后果，反映了会计准则制定过程中各方的博弈。

会计准则具有经济后果的特点，要求在现实中，会计准则制定机构不能单纯地从理论上寻求最完美的准则。"准则制定机构不仅必须要在会计理论领域，也必须在政治领域中操作"，① 正确的思路应该是寻求经济后果最公平、合理的会计准则，即达到经济学中帕累托最优（Pareto-optimality）的会计准则。

因此，会计准则的制定，不可避免地是各方利益权衡的结果。而会计准则具有经济后果的特点，必然要求在会计准则制定及进行国际趋同策略选择时，既要判断目标准则是否完美，还要判断其能否达到帕累托最优，并选择正确的时机加以引入。否则，就可能招致不良的经济后果。"凡遇，合也。时不合，必待而后行"。② 这是会计准则经济后果的必然要求。

2.3.3　会计准则与制度成本

这是会计准则的技术特征与经济后果双重属性的延伸。会计准则作为一种制度安排，其制定必须考虑成本与效益。在一国制定会计准则时需要考虑，在会计准则国际趋同决策时更应考虑。

对于这一问题的分析，本书直接基于前人已有的研究成果，从产权制度分析的基石——科斯定理开始。③ 关于科斯定理的内涵，经济学家们以科斯 1937 年发表的《企业的性质》和 1960 年发表的《社会成本问题》两篇论文为基础，作出了不同的解读，

---

① 即泽夫所称的"微妙的平衡"，参见［加］威廉·R.司可脱著：《财务会计理论》，陈汉文等译，机械工业出版社 2000 年版，第 149 页。
② 吕不韦：《吕氏春秋》，中华书局 2007 年版。
③ 刘峰：《会计准则研究》，东北财经大学出版社 1996 年版。

科斯本人并未给出过明确的解释。不过科斯在 1991 年诺贝尔经济学奖纪念会上发表的演讲中，提到斯蒂格勒（George J. Stigler）关于科斯定理的概括，根据这一概括，可将科斯定理理解为三个相互联系的定理。科斯第一定理是基于交易费用为零的假设，根据这一假设，产权制度的安排和变动对资源配置的效率是没有影响的。不过，这一假设在真实世界中不成立，于是就有了科斯第二定理，即在交易费用大于零的情况下，权利界定不同，资源配置的效率也不相同，选择的标准就是制度成本最低化。科斯第三定理主要针对产权制度的制定者和实施者而言，主要包括两部分成本：一是制度制定与实施所直接耗费的成本；二是制度的实施给社会带来的麻烦，即社会成本或外在成本。

　　科斯第一定理在现实经济生活中并不成立，现实世界是一个交易费用大于零的世界，从而反证出会计准则存在的必要性。进一步，科斯第二定理意味着制定何种会计准则，选择的依据是交易费用的高低。会计作为企业内部的一种管理活动，是在会计准则这一产权制度规范下的交易活动，会计活动的成本就是交易费用。不同的会计准则下将产生不同的交易费用，因此，应选择使会计活动的交易费用相对最低的会计准则。当然，这种选择并非是绝对的，换言之，并非一成不变。伴随着企业经营管理活动以及内外部环境的不断变化，对会计准则的选择也会随之变动，在不同时间、阶段选择最适合的会计准则，才是对科斯第二定理的最佳应用。① 科斯第三定理则告诉我们，会计准则本身的制定、

---

① 据此可以判断，在我国现阶段，如果为践行准则趋同承诺而全面执行 IFRS9，取消权益工具成本计量的豁免要求，是不符合科斯第二定理要求的。

实施也是有成本的。会计准则制定机构选择何种会计政策，以及如何制定、如何实施会计准则规定等，应以这种制度成本的高低为依据。会计准则的制定，需要考虑各种相关的成本，在此基础上与可能产生的效益进行衡量，一味追求最优的会计准则并不一定会产生最佳的效果。

2.4　本章小结

本章作为全书研究的理论基础，按照以下思路展开：会计信息具有决策有用性，并且这种决策有用性可以通过实证加以证明。会计准则作为规范会计信息输出的标准，需要反映经济发展的要求，体现理论研究的成果，并考虑经济后果和制度成本。而从综合收益来看，其发展历程充分体现了会计的反映性特点。

首先，本章沿着历史发展脉络，分析了综合收益的理论内涵和产生过程，以期阐明其产生的内在合理性以及与经济理论和经济发展的适宜性。综合收益的理论源于经济学收益，是会计收益与经济收益经历了背道而驰后走向相互调和的结果。从理论角度看，综合收益比传统的会计收益更好地反映了经济活动，但同时又具有经济收益所不具有的优势——能够可靠地计量，从而使其成为经济学界与会计学界所推崇的一个理论概念，并被会计准则制定机构应用于准则规范之中。

其次，对会计信息与企业价值的相关理论进行了梳理，分别以 Ball & Brown 和 Feltham & Ohlson 的研究为基础，对决策有用性的信息观和计量观下会计收益信息与企业价值的数理关系进行了推导，对已有的报酬模型和价格模型相关文献进行了综述，为后续实证研究提供了方法论支持。

最后，本书从"客观技术规范"和"经济后果"两个角度，对会计准则的性质进行了分析，并基于科斯定理对会计准则的制度成本进行了分析，这将是本书最终研究目的——会计准则持续趋同策略选择的理论基础。即在会计准则的制定及进行国际趋同策略选择时，既要判断目标准则是否完美，又要判断其能否达到帕累托最优，并选择正确的时机加以引入。制度成本也是会计准则制定中政策选择和时机把握的重要依据。

3

综合收益会计准则的国际比较

自然选择仅能借着轻微的、连续的、有利的变异的积累而发生作用，所以它不能产生巨大的或突然的变化；它只能按照短小的和缓慢的步骤而发生作用。①

——达尔文

综合收益作为近几十年兴起的一个概念，适应了经济发展的要求，正如本书第 2 章研究结论所述，具有理论上的合理性与先进性。但这一概念在英美等发达国家会计准则中的应用，却经历了不同的历程，并非一帆风顺。综合收益概念最早起源于美国，却为英国会计准则制定机构所率先使用，后来才先后被美国财务会计准则委员会（FASB）、国际会计准则理事会（IASB）不完全地采纳。综合收益被不同会计准则制定机构渐次采纳，既有其

---

① ［英］达尔文著：《物种的起源》，周建人、叶笃庄、方宗熙译，商务印书馆 2009 年版，第 540 页。

背后的必然逻辑，也体现了会计准则制定过程中各方的博弈。在
IASB 颁布了综合收益相关规定后，我国以准则解释的形式同步
引入。但与美国在综合收益准则制定过程中出现的众多反对声音
和博弈截然不同，综合收益引入我国，并未引起各方的广泛关
注，其背后的原因值得探究。本章依次以英国、美国、IASB 和
中国为研究对象，介绍各自在综合收益准则方面的发展历程，并
对会计准则制定背后需要考虑的因素进行了分析。

3.1 英国准则：首创者

早期，英国损益表仅要求列示已实现的损益项目，对未实现
部分不予确认①。1991 年 6 月，英格兰和威尔士特许会计师协会
（ICAEW）、苏格兰特许会计师协会（ICAS）联合发表了一份题
为《财务报告的未来形式》的研究报告，认为许多经济资源变动
在传统的损益表中得不到反映，传统的损益表已经不能够提供企
业损益的真实情况，因此建议增加一张利得表（gains statement），
以反映来自经营活动的收益，以及来自持有与销售非流动资产的
利得，并通过期末与期初净资产的变动反映经济资源的全部

---

① 1974 年 6 月，英国会计准则理事会（ASC）发布了《标准会计实务公告第 6
号——特殊项目和前期调整（SSAP6）》，规定企业应当确认已实现的损益项
目，对于未实现的损益项目则不予确认。1986 年，ASC 对 SSPA6 进行过一次
修订，主要是对损益项目，特别是特殊项目的会计处理作了一些改进。但是
由于正常项目与特殊项目经常难以明确划分，因此在实务中仍然有一些重大
问题没有得到根本解决。

变动。

1992年10月，在ICAEW和ICAS研究报告的基础上，结合社会公众的反馈意见，英国会计准则委员会（ASB）发布了《财务报告准则第3号》（FRS 3）《报告财务业绩》，英国成为国际上第一个就财务业绩披露发布准则的国家。FRS 3要求企业将"全部已确认利得与损失表"（statement of total recognized gains and losses）作为对外编报的主要报表之一，和损益表一道共同反映企业的全部财务业绩，以向财务报告使用者提供由于当期确认的所有利得与损失而引起的股东权益的增减变动情况。

按ASB的设想，损益表仍是反映企业最基本业绩信息的报表，在内容和格式上没有多大变化，由企业财务业绩的基本数据组成，包括：（1）持续经营活动成果；（2）非持续经营活动成果；（3）出售或中止一项经营活动的利润或损失、重组或重建成本、固定资产处置利润或损失；（4）非常项目；（5）特殊项目；（6）税收；（7）每股收益。而"全部已确认利得与损失表"起着第二业绩报表的作用，包括的内容比较广泛，那些同样反映企业财务业绩，但根据法律规定或会计准则要求直接进入资产负债表的项目，都必须通过此表披露。

ASB在FRS 3中指出：由于某些经法律或会计准则允许确认的利得或损失直接进入了资产负债表（一个例子就是未实现利得，比如固定资产重估价利得），仅靠损益表已不可能充分反映企业财务业绩的重要组成内容，因此，在评价企业一个期间的财务业绩时，有必要考虑该期间确认的全部利得与损失。

ASB在FRS 3中列示了"全部已确认利得与损失表"的格式（见附录一）。该表从损益表的最后一行——净收益开始，列示那些按照法律规定或会计准则要求应予确认，但直接计入资产负债表而未反映在损益表中的未实现利得和损失，得出全部已确认利得与损失。

ASB 对于业绩报告的改革，与英国长期以来一直存在不动产评估实务密切相关。传统上，不动产重估增值按照实现原则是不允许列报在损益表中的。FRS 3 将其改在"全部已确认利得与损失表"中列报，其目的正如 FRS 3 第 1 款所声明的该准则目标一样，是为了"突出报告主体财务业绩的一系列重要组成部分，以帮助会计信息使用者了解报告主体在一个报告期间内取得的业绩，并使他们能据以形成对未来结果和现金流量评价的基础"，亦即为财务报告使用者提供更全面、有用的财务业绩信息。

3.2　美国准则：后发创新

虽然美国颁布综合收益准则的时间要晚于英国，却很早就提出了"综合收益"概念。这一概念的产生、发展过程，最早可追溯至会计原则委员会（APB）时代。

1. APB 时代

1967 年，APB 颁布的第 12 号意见书（APB Opinion No. 12）第一次要求企业在编制损益表之外单独编制权益变动表，但该规定没有具体列出权益变动表中应列示的项目。在意见书的第 10 段中指出：为了使财务报表信息更为充分，要求企业披露至少最近一个会计期间以及其后中期的股东权益（除留存收益之外）组成的单独账目的变动。披露的方式可以采取单独报表的形式披露，或在基本报表中披露，或是以附注形式披露。

1971 年，APB 又颁布了第 19 号意见书（APB Opinion No. 19）《财务状况变动表》，列出了一些应直接贷记权益的项目清单，并要求其他项目都应包括在净收益中。一些项目偶尔也被加入这一清单，包括预计损益表中的差错更正、特定的外汇交易、套期合同市场价值的变动、养老金债务的新损失、特定股票投资未实现的持有损益等项目。

2. FASB 围绕综合收益的讨论与较量

在 FASB 于 1980 年发布的《财务会计概念公报第 3 号》（SFAC 3）中，详细地描述了收入、费用、利得和损失等会计要素，但它没有提及影响权益但未纳入净收益的那些项目，例如在 APB 第 19 号意见书中所列出的项目。SFAC 3 虽然提出疑问：哪一项应作为损益表的最后一行数据，但并没有回答这一问题，其认为提供关于不同来源的综合收益的方式超出这份公告的范围。但 SFAC 3 中首次明确提出了综合收益的概念，并将之定义为一项会计要素。同时，对影响企业权益的交易和事项进行了详尽的阐述，并用框图的形式进行了形象的描述，如图 3 - 1 所示。

图 3 - 1 中包括所有影响企业潜在的、可记录的交易和事项，并从上到下依次分类、分项予以展示。在 B 类中清晰地列示了权益变动的来源，并说明了权益变动包括的两类相互排斥的交易与事项，直观地显示了综合收益的构成及与整个权益的关系。

SFAC 5 中明确了净收益包括的项目和直接计入权益的项目之间的区别。在说明盈利和净收益、综合收益和盈利的关系时，SFAC 5 分别给出了两张报表（见附录一）示例：一个是净收益（或盈利）的计算过程；另一个是综合收益的计算过程。从中可

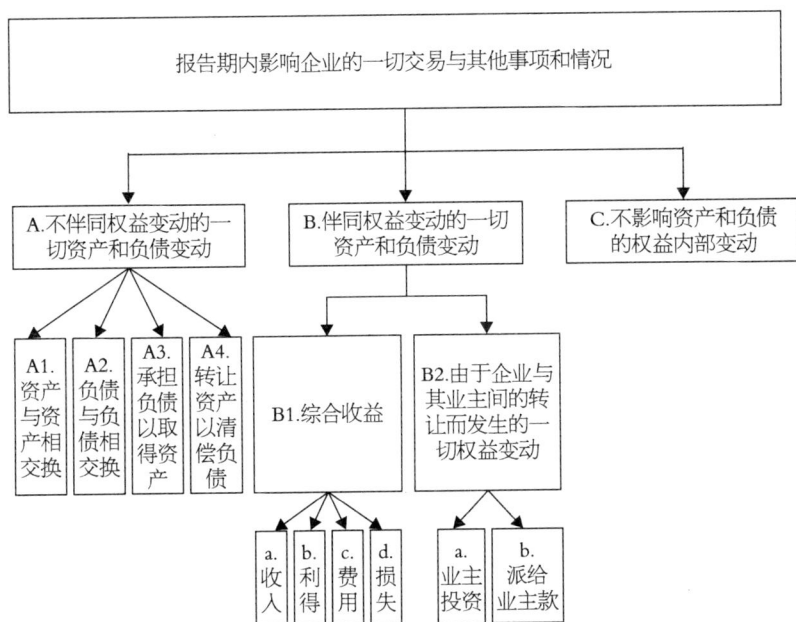

图 3-1 影响企业权益的交易和事项

资料来源：FASB, SFAC 6"Elements of Financial Statements", 1985, para 64.

以看出，净收益（或盈利）包括收入、费用、利得和损失，而综合收益则包括净收益再加上所有其他非业主交易的权益变动。SFAC 5 中的盈利类似于当前会计实务中的净收益，但净收益包括对以前年度会计政策变更的累计损益调整，而盈利却不包括。

1987 年 11 月颁布的《美国财务会计准则第 95 号》（SFAS 95）《现金流量表》，在未作任何解释的情况下就指出 APB 第 19 号意见书中所要求的权益变动表被替代了。直至 1997 年 6 月颁布 SFAS 130 之前，FASB 都没有要求企业将综合收益及其组成项目作为企业整套财务报表的一部分予以披露。其结果是一些综合收益的组成项目在资产负债表中作为权益的一个部分予以披露，并没有在损益表中披露，如外币折算调整、可供出售金融资产的利得或损失等。这种披露方式引起了很多财务报告使用者的关注，在投资管理和研究协会（AIMR）、财务分析师协会、罗伯特·莫里斯协会（RMA）① 等的推动下，FASB 最终发布了 SFAS 130。不过，其诞生的过程并非一帆风顺，会计准则制定过程中的政治博弈，留下了非常清晰的印迹。

FASB 综合收益准则征求意见稿共收回 281 份反馈意见，虽然类似投资管理和研究协会的使用者比较支持，但一些报告编报者反映强烈。主要反对声音包括：（1）由于引入了多项业绩指标，综合收益会让财务报告使用者感到迷惑。（2）对综合收益能否提供决策有用的信息表示质疑。如 GE 电器在反馈意见中写道：综合收益与其名称完全不符，提供的更多的是一些随意的数据，而非公司业绩（此项争议集中在对财务报表可预测性的评价上。Black 认为，最好的盈余数据应该是去掉任何噪音或暂时性项目，只留下可持续性的盈余项目）。（3）银行和金融机构认为综合收益比净收益具有更强的波动性，可能影响财务报告使用者对风险的理解（转引自 Hirst & Hopkins，1998）。（4）综合收益的各个项目，已以其他形式在财务报表或附注中分散进行了披露，综合收益实际上是一个冗余的项目。

虽然受到上述众多反对，FASB 仍然于 1997 年 6 月正式颁布了 SFAS 130。相对其他重要会计准则而言，SFAS 130 从征求意见到正式颁布，审议时间要短得多，有些听证会讨论的主题也一

①　RMA，Robert Morris Associates，2000 年已更名为 The Risk Management Association。

直都没有结果（罗伯特·N.安东尼，2004）。这既说明了出台综合收益准则的迫切性，也说明了有关方面对综合收益准则的现实意义仍存有疑问。

3. SFAS 130

SFAS 130 指出，报告综合收益的目的是反映某一会计期间企业与非业主之间进行交易所产生的全部权益变动。由于这些权益变动一部分在损益表中反映，另一部分在资产负债表所有者权益中反映，因此，SFAS 130 将综合收益分为净收益和其他综合收益两部分，并提供了报告综合收益的三种选择方式（见附录一）：（1）与英国的方式一致，在传统的损益表之外单设一张新的综合收益表。（2）与传统的损益表合而为一，称为"收益与综合收益表"，该表上半部分列示净收益及其组成项目，下半部分列示其他综合收益及其组成项目。（3）在权益变动表中报告其他综合收益及其组成。这项要求实际上是财务报告编制者与会计准则制定者博弈的结果，也是正式发布的 SFAS 130 与征求意见稿的不同之处。正式发布的 SFAS 130 对征求意见稿作了两处较大的修订，其中一项便是将仅允许企业选择将综合收益作为损益表的一部分进行披露，改为也允许作为权益变动表的一部分进行披露。后续有学者对 SFAS 130 发布后综合收益信息在财务报告中实际的位置进行了研究，例如 Linda Smith.B 等（2010）研究发现，在其选择的标准普尔500样本公司中，80%的公司没有依照会计准则制定者的偏好，在业绩报表中披露综合收益，而是选择在权益变动表中列示。这一结果充分体现了财务报告编制者的反对意见，也在一定程度上解释了综合收益概念最早产生于美国，但却晚于英国应用的原因。

3.3 国际准则：协调的产物

1. IASB 围绕综合收益开展的协调

1996 年 7 月，国际会计准则委员会（IASC，IASB 的前身）发布了《财务报表的列报》征求意见稿，要求编制一张新的财务报表——所有者权益中非业主交易表。目的是为了反映某些较为重要的利得或损失项目，如重估价而产生的利得或损失等。而在此前的 IAS 中并没有要求在损益表中列示这些利得或损失。在征求意见稿的审议过程中，IASC 修改了对非业主交易的权益变动予以单独报告的要求。1997 年 4 月，IASC 暂时决定将非业主交易的权益变动作为财务报表的独立部分列报，应列示的内容包括：（1）当期净利润或亏损；（2）根据其他会计准则直接在权益中确认的收入、费用、利得和损失以及这些项目的合计；（3）前两项的合计；（4）会计政策变更和重大会计差错更正的累计影响。

1997 年 7 月，IASC 正式发布了修订后的《国际会计准则第 1 号》（IAS 1）《财务报表的列报》，要求企业在财务报表中专门列示那些按照 IAS 要求，可以绕过损益表直接进入权益的收益、费用、利得或损失及其总额。IASC 认为：两个资产负债表日之间的权益变动应反映该期间净资产或财富的增加或减少。除与业主之间的交易（如资本投入与股利分派）引起的权益变动外，其他所有权益变动都应当属于企业当期经营活动所产生的利得和损失。为此，与 FASB 类似，IASC 规定既可以在单独的"已确认利得与损失表"中披露，也可以在权益变动表中披露。IASC 提出的"已确认利得与损失表"，与 SFAS 130 规定的"综合收益表"以及 FRS 3 中的"全部已确认利得与损失表"的格式和内容大体相同，起到总括反映一个企业全部已确认利得与损失的作用。自此，IASC 综合收益的列报要求与美国、英国大致保持了一致。

1999 年和 2001 年，IASC 分别发布了由 G4+1 集团起草的《G4+1 立场公告——报告财务业绩》，以及报告财务业绩指导委员会起草的《原则公告草案——报告已确认收益和费用》。这两份报告在改进财务业绩披露方面体现了基本一致的思路，即采用一张财务报表反映所有非业主交易引起的权益变动，主要包括三部分内容：（1）经营活动成果；（2）筹资及其他财产活动成果；（3）其他利得或损失。报告没有具体定义这三部分的内容，但总体上讲，第三部分"其他利得或损失"包括：（1）现在损益表中"非常项目"列报的项目；（2）当时权益变动表中列示的其他非业主交易的权益变动。

上述提议混淆了两份报表各自传递的重要信息，因为几乎所有非业主交易的权益变动都在损益表中反映，而一些变动与当期活动无关，因此很难令人信服（罗伯特·N. 安东尼，2004）。以上差异将不利于会计准则国际趋同，为此，IASB 与 FASB 在 2003 年召开了一次联合会议，并于 2004 年成立了联合工作组，共同研究综合收益列报相关问题，以期推动会计准则的国际趋同。此后，在 2007 年 IASB 发布的《IAS 第 1 号——财务报表的列报》修订版中，对其他综合收益作了如下明确规定，即按照其他 IFRS 不要求或不允许在损益中确认的收益和费用项目（包括重分类调整），其组成内容包括：（1）重估价盈余的变动；（2）

设定受益计划精算利得和损失；（3）国外经营的财务报表折算产生的利得和损失；（4）重新计量可供出售金融资产的利得和损失；（5）现金流量套期中套期工具利得和损失的有效部分。

2. FASB 与 IASB 的联合项目：持续改进与趋同

为了促进会计准则的国际趋同，IASB 与 FASB 于 2004 年开始将财务报表列报作为联合项目开展研究。2006 年 3 月，IASB 公布了《对〈国际会计准则第 1 号〉的建议修改——修订后的列报》征求意见稿，以期尽量使 IAS 1 与美国的 SFAS 130 保持一致。2007 年 9 月，IASB 颁布了 IAS 1 修订版，正式提出综合收益表。修订后的 IAS 1 要求在一张报表或两张报表内列示所有的非业主权益变动，但不再允许在所有者权益变动表中列示其他综合收益项目。

2008 年 10 月，IASB 和 FASB 联合发布了关于财务报表列报初步意见的讨论稿，提出 SFAS 130 取消企业综合收益列报选择权（在一张报表或在两张报表中列报），要求统一在综合收益表中列报，并构成三大基本财务报表之一，但由于反对意见众多，最终不了了之。

2010 年 5 月，IASB 和 FASB 分别发布了《其他综合收益项目的列报（对 IAS 1 的建议修订）》和《会计准则更新：综合收益列报》征求意见稿。征求意见稿认为一张表列示综合收益会减少财务报告使用者的认知成本，且更容易发现盈余管理行为，因此，要求所有企业均必须列报一张包括当期损益及其他综合收益的单一连续报表。同时，将其他综合收益按期后对损益表的影响分别列示：一类是有可能将在后续期间重分类至损益的项目；另一类是在后续期间不会重分类至损益的项目，以提高财务报告的透明性、连续性和可比性。但征求意见稿的"一表法"提议仍遭到了很多反对。

2011 年 6 月，IASB 发布了《其他综合收益项目的列报》，对 IAS 1 进行修订，要求企业在遵循 IFRS 要求编制财务报表时，应将"综合收益表"中的"其他综合收益"部分中，未来可能重分类为"损益"部分的项目汇总列报。此外，该修订稿还对"其他综合收益和损益项目都应该在一张报表或两张连续报表中列报"的现有规定再次进行了强调。FASB 也力排众议，发布《2011 年第 5 号会计准则更新——综合收益（主题 220）：综合收益列报》（ASU No. 2011—05），取消了企业在所有者权益变动表中列示其他综合收益的选择权。不过和 IASB 一样，FASB 给予了一表法或二表法的选择权，并要求连续列示"损益"和"其他综合收益"的具体项目构成，以及"其他综合收益"到"损益"的重分类调整。虽然 FASB 和 IASB 在综合收益的列报上实现了趋同，但在其他综合收益具体项目以及"其他综合收益"到"损益"的重分类方面，二者仍存在较大差异。

不过，在 ASU No. 2011—05 发布之后，财务报告利益相关方开始关注新的规定增添了不必要的麻烦，认为将累计的其他综合收益项目重新分类呈报的新规定耗费了编制者许多精力，因此，FASB 又发布《2011 年第 12 号会计准则更新——其他综合收益（主题 220）》，推迟 5 号更新中修订案的生效日期。推迟实施要求列报的再分类项目包括：累计其他综合收益和净收益，以及其相应组成项目的净收益和其他综合收益。

此外，考虑到利益相关者的意见，FASB 表示将重新考虑，是否有必要要求企业在填报净收益的报表以及填报其他综合收益的中期和年度财务报表中，呈报综合收益组成部分的再分类信息。然而，FASB 并没有推迟在单一连续报表或两套独立但是连续的财务报表中呈报综合收益的实施要求。FASB 表示正在考虑有关分类调整后呈报要求的操作问题，但是为了遵循 5 号更新发布之前就已生效的列报要求，企业将会继续报告累计综合收益之外的再分类信息。

3.4　中国准则：与国际趋同

我国综合收益列报的要求体现在 2009 年 6 月发布的《企业会计准则解释第 3 号》。主要包括：（1）在利润表"每股收益"项下增列"其他综合收益"和"综合收益总额"项目。其他综合收益反映企业根据会计准则规定，未在损益中确认的各项利得和损失扣除所得税影响后的净额；综合收益总额反映净利润与其他综合收益的合计金额。（2）在附注中详细披露其他综合收益各项目及其所得税影响，以及原计入其他综合收益、当期转入损益的金额等信息。（3）企业合并利润表也应按照上述规定进行调整。在"综合收益总额"项目下单独列示"归属于母公司所有者的综合收益总额"项目和"归属于少数股东的综合收益总额"项目。以上列示要求自 2009 年 1 月 1 日起执行，与 IFRS 实施时间同步。

该项要求是我国会计准则国际趋同的结果。我国于 2005 年建立完成企业会计准则体系，并于 2006 年发布。2005 年 11 月 8 日，中国会计准则委员会与 IASB 签署了联合声明，确认中国会计准则与 IFRS 实现实质性趋同，只有在极少数问题上存在差异。2007 年 12 月 6 日，中国会计准则委员会与香港会计师公会签署了《关于内地企业会计准则与香港财务报告准则等效的联合声明》，确认除资产减值损失的转回以及关联方披露两项准则相关内容需调节差异之外，内地企业会计准则与香港财务报告准则已经实现等效。2008 年 4 月 22 日，欧盟委员会就欧盟第三国会计准则等效问题发布正式报告，宣布在 2011 年年底前，欧盟允许中国证券发行者进入欧洲市场时使用中国会计准则，即不需要根据欧盟境内市场采用的 IFRS 调整财务报表。

为了应对 IFRS 后续不断的改进与修订，明确我国会计准则发展方向，我国会计准则制定机构提出了中国企业会计准则与 IFRS 持续全面趋同的发展目标。正是在这一整体发展方向指引下，当 IASB 确定在财务报表中引入综合收益后，《企业会计准则解释第 3 号》也随之要求在利润表中增加与综合收益有关的项目。我国会计准则制定机构认为："在财务报表中引入综合收益，我们认为是可取的。"（刘玉廷，2009）当然，在实际引用的过程中，我国会计准则制定机构也适当地考虑了中国国情，比如没有修改利润表的名称，以避免与《公司法》等法律相冲突，同时采用了统一的报表格式，没有赋予企业自由选择披露格式的权利等。

3.5 综合收益准则制定过程的几点启示

纵观综合收益准则在各国的发展历程，不难看出，美国率先提出综合收益概念，但这个概念最先在英国得以实践，IASB借鉴和采纳综合收益概念，更多的是受英美影响以及与FASB合作的产物。而我国引入综合收益的概念，主要目的是为了会计准则国际趋同，减少会计准则差异。综合收益准则在国际上这样一个发展脉络，看似是孤立的事件，但其背后存在着一定的必然性。

1. 英国先于美国采纳综合收益概念的背后逻辑

美国率先提出综合收益的概念，除了其会计理论和实践相对发达外，实质上是经济发展的结果，即由于金融市场的发展及由此出现的市场波动的扩大，使得传统的会计收益信息无法满足经济决策的要求。而引起这种变化的历史背景是1971年布雷顿森林体系瓦解带来的浮动汇率制，以及信息技术的发展等。① 但美国在提出综合收益的概念后，之所以迟迟没有采纳，主要是因为大萧条之后诞生的美国会计准则制定机构以及美国证券交易委员会，对现值会计有着天然的排斥心理，历史成本会计模式一直是美国公认会计原则的"核心与基石"。综合收益由于承认了公允价值计量的结果，难以得到会计准则制定者和证券监管者的认同。

事实上，翻看米尔顿·弗里德曼等人的《美国货币史》、本·S.伯南克的《大萧条》以及约翰·肯尼斯·加尔布雷思的

---

① 1971年发生了改变人类社会经济生活的两件大事。一是布雷顿森林体系瓦解，固定汇率制走向浮动汇率制，金融市场自此动荡加剧，如通货膨胀、汇率波动、资产价格变动等，这些都是现值会计和综合收益产生的内在原因；二是因特尔公司发明了世界上第一个微处理器，自此信息技术飞速发展，改变了人类生活方式。信息技术与经济活动相互交织，对财务会计提出了新的课题。

《1929 年大崩盘》① 等有关大萧条的经典著作，很难寻觅将大萧条归结于会计的描述。当然，不可否认，当时的会计在经济危机中确实起到了一定的推波助澜作用，但将经济危机归结于会计，难免有会计准则制定机构自我实现的因素。不过无论如何，这种对现值会计的保守思想客观上影响到综合收益在美国的被采纳，因此，直到 20 世纪 90 年代，大多数 FASB 成员才开始赞成现值会计。②

相反，在英国许多公司早已开始定期重估它们的固定资产，这使得会计准则制定机构更易于赞成广泛采用现行价值会计模式，因此，对现值会计的采纳就相对容易些③，这也是 ASB 率先采纳综合收益概念的重要原因。

2. 对我国引入综合收益合理性的质疑

从会计准则国际趋同角度看，IASB 采纳综合收益的概念，主要是为了制定高质量的会计准则以及与 FASB 的协调，其目的是促进会计准则国际趋同和提高 IFRS 的影响力。我国同步跟进 IFRS 的规定，可能的原因包括：一是认为综合收益信息能够提

---

① 分别见［美］米尔顿·弗里德曼、安娜·J.施瓦茨著：《美国货币史》，巴曙松、王劲松等译，北京大学出版社 2009 年版，其中有一部分特别阐述了大萧条；［美］本·S.伯南克著：《大萧条》，宋芳秀、寇文红等译，东北财经大学出版社 2009 年版；［美］约翰·肯尼斯·加尔布雷思著：《1929 年大崩盘》，沈国华译，上海财经大学出版社 2006 年版。

② ［美］斯蒂芬·A.泽夫著：《现值会计日益重要：对 ABS 原则公告征求意见稿修订稿的评论》，载于《会计准则制定理论与实践：斯蒂芬·A.泽夫教授论文集》，中国财政经济出版社 2005 年版，第 87 页。

③ ［美］斯蒂芬·A.泽弗、贝拉·G.拉兰主编：《现代财务会计理论——问题与论争》（第 5 版），夏冬林、陈晓、谢德仁等译，经济科学出版社 2000 年版，第 82 页。

高财务报告的决策有用性；二是在会计准则国际趋同大背景下的简单技术跟进。或者二者兼而有之。到底成效如何，将在本书的后续研究中加以检验。

另一方面，在美国 FASB 综合收益准则制定过程中，各方开展了广泛的博弈，令人印象深刻，这既说明综合收益关乎各方的切身利益，也从一个侧面反映了在会计准则制定过程中的博弈之深。但在财政部《企业会计准则解释第 3 号》的制定过程中，各方对综合收益列示的要求反应甚微；综合收益实施后，各方态度平平。这与美国形成了鲜明对比，不禁使人对综合收益引入我国的现实意义产生怀疑。引入综合收益披露要求，能否更好地满足投资者的信息需求，对于财务报告编制者有着怎样的意义等，都需要从理论和实践上进一步去研析，以判断综合收益引入我国的适宜性。

"后之视今，犹今之视昔"①，只有详细剖析综合收益引入我国的效应，才能更加深刻地理解会计准则国际趋同的策略，并进而分析在实践中对中国会计准则国际趋同策略把握的合理性。

3.6　本章小结

本章介绍了综合收益准则在英国、美国、IASB 和中国的采纳过程，通过对综合收益准则应用历程的研究，可以清晰地看出以下发展脉络：

首先，综合收益反映了英美等发达国家的经济现实，为各国

---

① 班固：《汉书·京房传》。

会计准则制定机构所采纳具有必然性。这种必然性是由经济环境的变迁、理论研究的成果和提高会计信息决策有用性所决定的。

其次，从各国综合收益准则的制定历程看，会计准则的发布和实施与否，不仅要考虑理论上的先进性，更要考虑现实的需求。虽然具有理论上的先进性，但综合收益渐次为英美采纳的过程，反映了现实环境和利益相关者的实际需求对会计准则制定的约束。由此可以看出，在会计准则国际趋同的大环境下，是否引入 IFRS 的规定以及何时引入等，需要在理论先进性与现实需求之间进行更多的权衡。

最后，综合收益准则自其诞生之日起就存在着争议，在综合收益准则制定过程中，来自于财务报告的提供者和使用者的反对声音一直不断，主要质疑声音包括准则是否有助于提高财务报告的决策有用性，是否符合决策有用的会计目标。因此，在不同的经济、法律和文化背景下，综合收益在不同国家、地区是否存在不同的作用，值得进一步思考与研究。

基于以上脉络，本章对我国引入综合收益的合理性提出了质疑，即我国颁布《企业会计准则解释第 3 号》，是基于会计准则国际趋同的考虑，还是源于内生需要，是否能够提高决策有用性，是否符合准则制定的目标，即"企业提供的会计信息应当与财务会计报告使用者的经济决策需要相关，有助于财务会计报告使用者对企业过去、现在或者未来的情况作出评价或者预测"。[①]这些都有待下文的研究和论证。

---

① 财政部：《企业会计准则——基本准则（2006）》，见《企业会计准则（2006）》，人民出版社 2007 年版。

4

综合收益价值相关性
国别比较实证研究

经验不是认识的不二法门。经验告诉我们什么却不告诉我们为什么。所以它不能为我们带来任何真正的普遍真理，它只能激发我们殷切希望求得真理的理性，而不能使我们满足。[①]

——康德

引入综合收益概念能否提高财务报告的决策有用性，需要基于实证研究和问卷调查进一步分析，以发现其背后的脉络。关于综合收益价值相关性，国内外学者已进行了大量研究，但是在研究方法、研究变量选择方面存在较大差异，不同国家和地区的研究结论也不尽一致。同时，各项研究仅止于综合收益价值相关性检验，对于检验的结果并未进行深入分析。根据研究目的，本章

[①] 转引自［美］威尔·杜兰特著：《哲学的故事》，肖遥译，中国档案出版社 2001 年版，第 264 页。可进一步参见［德］康德著：《纯粹理性批判》，邓晓芒译，人民出版社 2004 年版，第 4 页。

将对前人的研究方法和成果进行梳理，并建立合理、统一的方法，对中国内地、香港和美国股票市场的综合收益价值相关性进行检验，以判别综合收益价值相关性是否存在国别差异，为后续会计准则国际趋同的规范研究提供证据支持。

4.1　文献综述

前文已经提到，由于经济环境、经济活动内容的变化，综合收益概念越来越受到会计准则制定机构以及理论研究者的青睐，但同时对这一指标是否能够反映企业价值、在多大程度上反映企业价值，以及是否能够为利益相关者提供更多的决策有用信息，众说纷纭，存在较大争议。

20世纪90年代，随着会计准则制定机构改进收益概念项目的开展以及综合收益准则的制定，各国会计学者在会计盈余信息价值相关性实证研究的基础上，开始了综合收益价值相关性的实证研究。总体而言，虽然都是围绕同一主题的研究，但结论形色各异，未能形成统一的观点。这种情况，既未解决综合收益价值相关性的争议，也不能给后续研究者提供可资借鉴的清晰论点和研究思路，更未能向会计准则制定机构提供有效的政策依据。因此，本节将对目前已有的国内外综合收益价值相关性文献进行全面梳理，并区分不同国家、不同准则要求和不同研究方法进行详细分析，以期形成综合收益价值相关性研究较为清晰的视图和脉络，同时为本书后续实证研究提供合理的研究方法论。

4.1.1 国外综合收益价值相关性文献综述

Holthausen & Watts（2001）将盈余数据相对于股票报酬或股票价格间的相关性研究文献分成了三类，即相对关联研究（relative association studies）、增量关联研究（incremental association studies）和边际信息含量研究（marginal information content studies）。在综合收益价值相关性这一延续性研究领域中，已有研究文献主要包括以下两方面：一是相对关联研究，即综合收益数据、综合收益各组成项目与"脏盈余"（dirty surplus）原则下的净利润、营业利润等会计盈余数据价值相关性的比较研究；二是增量关联研究，即在净利润基础上，综合收益的各组成项目是否具有增量价值相关性。围绕上述主题，各国学者进行了大量研究。①

由于不同文献对相同的盈余变量等使用了不同字母进行定义，为便于后续引用，本书此处先对可能涉及的变量进行统一定义。

表 4-1　相关研究变量定义

变　　量	含　　义
P_t	t 财政年度报告日的股票价格

---

① 自 Ball & Brown（1968）开创了价值会计实证研究先河后，会计学者们对会计盈余的价值信息含量、价值相关性进行了大量研究。然而关于综合收益的价值相关性实证研究，从笔者可获取的文献看，始于 20 世纪 90 年代，除了对综合收益进行全面研究之外，还有文献仅针对其他综合收益的部分项目，如外币报表折算差额、最小养老金负债、可供出售证券价值调整的价值相关性进行了单独的研究，参见 Barth, M. E. et al.（1992），Barth, M. E.（1994），Barth, M. E. et al.（1996），Barth, M.E.& G.Clinch（1998），Pinto, J.A.（2005），Bartov, E.（1997）等。结合本书的研究目的，笔者仅对 30 余篇综合收益的全面研究文献进行了综述。

续表

变　量	含　义
P_{t-1}	t 财政年度年初的股票价格
R_t	原始股票报酬率，针对不同文献，可能是 t 时点的原始报酬，也可能是 t 年度累计的原始报酬；$R_t = (\Delta P_t + d_t)/P_{t-1}$
AR	超额报酬率，不同文献的计算方法不同，主要包括市场价值法和 CAPM 模型法两种
CAR	超额累积报酬率
OI	营业利润，营业收入减营业费用
NI	"脏盈余"原则下的净利润
OCI	其他综合收益
CI	综合收益
SEC	可供出售证券价值调整
FCT	外币交易折算差额调整
PEN	最小养老金负债调整

1. 美国的相关研究文献

虽然 FASB 在 1997 年才颁布 SFAS 130，但在此之前，已有学者进行了综合收益价值相关性的实证研究。C. S. Agnes Cheng et al.（1993）以美国市场 1972—1989 年的上市公司为对象，研究了营业利润、净利润和综合收益在股票回报解释中的作用。研究动机是为了向理论界对收益定义的争议提供证据支持，既包括相对关联研究，也包括增量关联研究。研究中，作者既对 18 年的数据总体进行了逐年回归，也按行业分组后进行了逐年回归。借鉴 Easton& Harris（1991）的研究结论[1]，作者构建了截面数据

---

[1]　Easton & Harris（1991）的研究结论是在 Ball & Brown（1968）和 Beaver & Morse（1978）及 Brown et al. 的基础上推导得出的，并进行了经验检验。

超额报酬率与盈余变动和盈余水平的回归模型（因变量、自变量、研究模型与方法具体见表 4 - 2，其他文献的上述内容均在表 4 - 2 中进行了汇总），并对模型的 R^2 进行了比较。由于传统上，上述关系的检验通常仅使用盈余变动指标，因此作者也仅针对盈余变动进行了回归，结果无实质差异。数据总体逐年回归，每个模型共有 18 个 R^2 值，范围在 0.003—0.269 之间。按行业分组逐年回归的 R^2 进行了加权平均，每个模型共有 7 个 R^2，范围在 0.082—0.178 之间。研究结果表明，营业利润与剩余回报最为相关，其次是净利润。这意味着，如果公司的业绩只能通过一个指标反映，那么，只应包括营业收入和营业费用。同时，研究结果还表明，对于大多数行业而言，非经营性费用，即净利润与营业利润之差具有增量价值信息，因此，净收益表采用多步披露的形式对于投资者而言是有用的；而综合收益与净利润之差，即其他综合收益并未带来增量价值信息。不过需要特别说明的是，由于 SFAS 130 尚未发布，作者并未直接定义其他综合收益项目，而是通过下列公式加工得出了综合收益：留存收益的变动+优先股股利+普通股股利。

　　Dhaliwal et al.（1999）以 1994 年和 1995 年美国公司的数据为样本，对综合收益的价值相关性是否优于净利润进行了研究。作者构建了盈余水平与报酬率的回归模型①，对综合收益和净利

---

① 之所以盈余水平作为自变量，是因为作者认为，Subramanyam（1996, p.258）曾指出，在进行报酬和盈余回归中，使用盈余水平作为未预期盈余的替代变量是有理论和实证支持的（Ohlson & Shorff, 1992; Kothari, 1992; Easton & Harris, 1991; Ali & Zarowin, 1991; 1992），以一阶差分后的盈余作为替代变量，回归检验结果实质上是一致的。

润的价值相关性的优劣进行了比较研究，同时对于 SFAS 130 要求的综合收益三个组成项目，分别对净利润进行调整后的盈余数据的价值相关性进行了研究。这篇文献的主要特点在于对收益的定义，文中的 NI 为扣除非经常性项目和不可持续项目后的净额；而对于综合收益，作者进行了两个定义：CI_{130} 和 CI_{broad}。其中，CI_{130} 是净利润加上 SFAS 130 要求的三个其他综合收益项目——SEC、FCT 和 PEN 数据之后的综合收益，CI_{broad} 是扣除普通股分红影响后的股东权益变动值。除了上述两个指标外，作者还定义了 CI_{SEC}、CI_{FCT}、CI_{PEN}，即净利润分别加上可供出售证券当期价值变动值、外币交易折算差额变动值，以及最小养老金负债的变动值（最小养老金负债 * 0.65），并将上述收益指标分别与原始日报酬率的年度累加值进行了回归。除了报酬模型外，按照 Kothari 和 Zimmerman（1995）的建议，作者还构建了价格模型，对相关收益的价值相关性进行了研究，对不同模型的 R^2 进行了比较。模型所有自变量均通过除以期初普通股市场价值进行了规模控制。总体而言，报酬模型的 R^2 绝对值较小，范围在 0.0351—0.0474 之间；价格模型的 R^2 的绝对值较大，其中传统的价格模型 R^2 范围在 0.2811—0.3642，基于 Feltham & Ohlson 模型的修正价格模型 R^2 最高达到 0.5277。作者在文中总结的实证研究结论为："通过比较不同报酬模型之间的 R^2，发现综合收益与净利润相比，既没有与股票回报或市场价值更相关，也未能更好地预测企业未来的现金流或利润，因此，不支持综合收益比其他收益指标更好计量公司业绩的论断。综合收益中唯一提升了价值相关性的项目是'可供出售证券调整'，而'外币交易折算调整'和'最低退休金负债调整'项目仅是增加了噪音。"但比较有意思的是，仔细分析研究方法及文中列出的方程回归结果可知，报酬模型的结果与作者总结的结论实际上是不一致的。虽然 CI_{broad} 报酬模型的 R^2（0.0351）小于净利润报酬模型（0.0381），但 CI_{130} 报酬模型的 R^2（0.0420）是高于净利润报酬模型的，并且在 1% 的水平上显著。因此至少可以说，在报酬模型下，SFAS 130 所要求的综合收益比净利润更具价值相关性。此外，分行业研究结论表明，金融行业 CI_{130} 的价值相关性显著高于 NI。

Biddle & Choi（2006）以 1994—1998 年的美国公司为研究对象，定义了 16 种盈余，分别建立了其与股票回报的回归模型。模型设计中，作者选用了 Biddle et al.（1995）的研究结论，以各个盈余的水平值和滞后的水平值作为自变量。作者认为，从计量方法上看，这种方式实质上等于"水平和变化"的方程，但具有可直接观测反应系数的优点。在作者定义的 16 个盈余中，包括的 NI、CI_{130}、CI_{broad} 与 Dhaliwal et al.（1999）的定义相同，其主要结论也与本书分析的 Dhaliwal et al.（1999）的结论相同，即 SFAS 130 定义的综合收益，CI_{130} 报酬模型的 R^2 最高，最具相关性，CI_{broad} 的 R^2 要低于 NI。在 NI 基础上增加可供出售证券价值变动后的盈余变量具有最强的增量相关性，但仍弱于 NI_{130}。因此，SFAS 130 中选择的三项其他综合收益项目是最优的。作者同时还对综合收益结构的价值相关性进行了研究，发现区分具体内容分解披露，比汇总披露能够提供更多的价值信息；对各个盈余指标与薪酬契约的相关性进行了研究，发现净利润与薪酬变量最为相关。但这篇文献也存在值得探讨之处，研究中由于使用的 16 种盈余定义中，除了 NI、CI_{130}、CI_{broad} 以及其他综合收益各个具体构成项目外，其余各种组合的盈余并无真实的经济含义，也无理论支持，实际上增加了研究噪音。同时，其中的一些回归结果也是难以理解和解释的。比如在包含 NI、SEC 的水平、滞后水平变量的方程回归结果中，NI_t 与 NI_{t-1} 的回归系数分别为 0.24、0.01，而 SEC_t 与 SEC_{t-1} 的系数分别为 1.17、-0.17，据此可以推导出 NI 和 SEC 的可持续程度因子分别为-0.04 和 0.17，即净利润的可持续性低于可供出售金融资产公允价值变动。事实上，其他研究文献也未曾定义过如此之多的不同组合的盈余变量。

Chambers et al.（2007）认为，前人研究的结论之所以不一致，潜在的错误可能是因为使用了自己加工计算的其他综合收益数据，而非公司财务报告中实际披露的数据。因此，作者使用 SFAS 130 发布后的 1998—2003 年美国公司财务报告中实际披露的 $OCI^{as\text{-}reported}$ 数据进行了价值相关性研究。作为比较，作者同时也使用了 1994—1997 年加工计算的 $OCI^{as\text{-}if}$ 各项数据。不过从作者设计的模型可以看出，作者只是研究了其他综合收益对于净利润的增量价值相关性、其他综合收益组成项目对于净利润的增量价值相关性，而未研究 CI 与 NI 的比较价值相关性。从对净利润的增量价值相关性研究结果看，$OCI^{as\text{-}if}$ 并未增加价值相关性，但是 $OCI^{as\text{-}reported}$ 能够显著增加价值相关性。这一结论与 Dhaliwal et al.（1999）的增量价值相关性研究结论是一致的。作者将这一现象归因于 $OCI^{as\text{-}if}$ 指标可能存在重大计量误差。总体而言，文章认为剔除计量误差的影响，其他综合收益是具有增量价值相关性的。其他综合收益具体项目的研究显示，SEC 与 FCT 也具有正向价值相关性。

2. 欧盟等其他地区的相关研究文献

O'Hanlon & Pope（1999）采用报酬模型，以 1972—1992 年的英国公司为样本，使用不同的时间区间，研究了传统的净利润、"脏盈余"的价值相关性。与前述美国的相关研究不同，作者首先定义了普通利润，然后定义了各个"脏盈余"指标，包括非经常性损益、商誉核销（good will write-offs）、资产重估调整、外币交易折算差额、其他项目（sundry），并将这些项目的合计数定义为"脏盈余"（DS）。时间序列上，作者划分了 1 年、2 年、5 年、10 年、20 年 5 个时间段，对每个时间段中的数据分步进行回归。研究结果显示，除了以 5 年为窗口间隔的数据回归方程中，"脏盈余"数据相对净利润具有一定的增量价值相关性外（仅在 10% 的水平上显著），其余时间间隔的回归方程中，"脏盈余"数据均不具备增量价值相关性。在"脏盈余"结构回归方程中，也只有净利润的系数显著不为零，其他"脏盈余"具体项目的系数均未通过显著性检验。不过，这篇文献关于长短窗口价值相关性的研究结果还是具有一定意义的。随着窗口的拉长，股票报酬与净利润回归方程 R^2 的值也逐渐增大，1 年、2 年、5 年、10 年、20 年间隔窗口回归方程的 R^2 分别为 0.14、0.28、0.42、0.38、0.65。总体而言，这篇文献的研究结果表明，在英国会计准则"脏盈余"原则下的一般利润，在短期、中期和长期均能解释股票回报，非经常性项目在长期能够解释股票报酬。几乎没有证据能够表明一般利润之外的其他会计数据具有股票报酬解释力，即使将窗口放宽到长期，也未能发现。同时在不同窗口盈余反应系数上，也与 Cheng（1998）、Easton et al.（1992）、Ohlson & Penman（1992）和 Shroff（1995）等美国的研究不尽相同。美国的相关研究发现，美国一年窗口的盈余反应系数显著小于 1，长窗口大约在 1.7。英国研究中的长窗口反应系数与美国的研究结果大致相同，短窗口的系数显著大于美国的研究。同样，短窗口的 R^2 也显著大于美国研究短窗口的 R^2。对于短窗口 R^2 小于长窗口 R^2，主要是由美国收益中暂时性的部分导致。作者认为，"脏盈余"会计是为了更好地反映具有可持续性的收益，能够更好地反映公司的持续经营能力，因此，可以预期英国盈余比美国盈余有着更好的可持续性，从而英国短窗口的系数要高于美国（Pope & Walker，1999）。值得注意的是，由于这篇文献使用的净利润之外的其他会计盈余指标并非美国研究中通常使用的其他综合收益指标，因此，不能简单地将其结论与美国研究的结论进行比较，否则，无异于拿苹果比橘子。

Stephen et al.（2007）以 1992—2004 年英国、法国、德国、意大利和西班牙等 5 个欧洲国家的公司为对象，研究了营业利润、净利润和综合收益的价值相关性。由于作者认为，这 5 个国家在"脏盈余"会计项目和处理实务方面各不相同，因此没有取各个国家的具体"脏盈余"项目，而是按照 Ohlson（1991）提出的净盈余理论，根据考虑分红后的净资产变动计算得出综合收益。将综合收益与净利润之差，界定为其他综合收益。研究结果表明，所有国家综合收益的价值相关性均低于净利润和营业利润；但是对于多数国家而言，其他综合收益合计数相对于净利润，具有增量价值相关性。

Wang、Buijink、Eken（2006）以 1988—1997 年的荷兰上市公司的数据为样本，研究检验了"脏盈余"的相对和增量价值相关性。作者采用了与 O'Hanlon & Pope（1999）相同的研究方法，划分了 1 年、2 年、5 年、10 年等 4 个时间窗口，分别进行了回归检验。其结论与 O'Hanlon & Pope（1999）的研究总体一致，即无论基于哪个时间窗口，"脏盈余"总额不具有价值相关性，但资产重估增值和外币折算调整等两个具体项目对股票报酬具有解释能力。同时，尽管净利润和干净盈余（即综合收益）都与回报相关，但净利润似乎是衡量企业价值更相关的指标。

Kanagaretnam et al.（2009）同时采用价格模型和回报模型，以在美国和加拿大两地同时上市的加拿大公司为对象，采用 1998—2003 年的数据进行检验，发现综合收益在解释能力上比净利润更好，并且，可供出售金融资产和现金流量套期项目等两个其他综合收益具体项目与股票价格、市场回报都显著相关。与其他文献不同，此文章其他综合收益项目中选用了现金流量套期项目。由于均为美国市场，且执行的都是美国准则，其价值相关性的结论与美国研究一致并不意外。

综合上述欧盟国家的文献，可以得出大体一致的结论，即根据"脏盈余"与传统净利润的合计数计算的综合收益，以及根据 Ohlson（1991）净盈余理论计算的综合收益，其价值相关性低于净利润，会计准则要求的各"脏盈余"具体项目合计数与净利润相比不具有增量价值相关性，但根据 Ohlson（1991）净盈余理论计算得出的其他综合收益具有增量价值相关性。这一研究结论表面看与美国研究结论不同，但仔细分析，由于会计准则要求的其他综合收益具体项目不同，这两类研究结论实际上是不具可比性的。尽管如此，通过文献分析还是可以大致判断，实施会计准则国际趋同政策前，欧盟各国会计准则下产生净利润具有最强的价值相关性，而净利润之外的其他会计盈余数据几乎没有任何股票报酬解释力。

3. 对于研究结论的进一步分析

国外研究整体而言方法各异,形式万千。但仔细分析,本书认为还是能够得出比较一致的结论。首先,对于美国市场而言,综合收益的价值相关性并不像一般文献所说"结论混乱,不一致"。实际上,除了 Cheng et al.(1993) 的研究中,综合收益价值相关性低于净利润之外,其余的文献实际上均反映了 SFAS130 定义下的综合收益比净利润具有更高的价值相关性。同时,如果剔除计量误差的因素,实际报告的其他综合收益数据相对于净利润有增量价值相关性。而 Cheng et al.(1993) 研究的时间范围为 1972—1989 年,这一时期,综合收益还只是理论界、会计准则制定机构探讨的一个概念,对于实务界、投资者而言,实际上是一个不太清晰甚至是不存在的概念。它未被投资者在价值判断时使用也是符合实际情况的,如果将其绝对理解为综合收益本身不具有价值相关性,则可能显得过于武断。其次,美国以外的其他国家,包括英国、法国、德国、意大利、西班牙、荷兰,无论是研究者定义的"脏盈余",还是其他综合收益,对于传统意义上的净利润,均无增量价值相关信息。同样定义下的综合收益价值相关性也要弱于净利润。再次,对于在美国和加拿大两地同时上市的加拿大公司,综合收益比净利润具有更好的解释能力,并且可供出售金融资产和现金流量套期等两个具体项目,与股票价格、市场回报都显著相关。

表 4-2 文献模型汇总表

文章	研究对象及时间范围	因变量	研究类型*	模型	主要结论
Cheng et al., 1993	1972—1989 年，美国公司	AR，采用标准市场法和引入行业平均值后的调整市场法分别计算	R/I	Relative value relevance(R) $AR_t = \gamma_0 + \gamma_1[A_t/P_{t-1}] + \gamma_2[\Delta A_t/P_{t-1}] + \varepsilon_t$ (A 指 OI、NI、CI) Incremental value relevance(I) $AR_t = \gamma_0 + \gamma_1[OI_t/P_{t-1}] + \gamma_2[\Delta OI_t/P_{t-1}] + \gamma_3[NIMOI_t/P_{t-1}] + \gamma_4[\Delta NIMOI_t/P_{t-1}] + \varepsilon_t$	营业利润与剩余回报最为相关，其次是净利润；非经营性费用，即净利润与营业利润之差具有净利润价值信息，而其他综合收益并未带来增量价值信息
Dhaliwal et al., 1999	1994—1995 年，美国公司	R，原始日报酬率的年度累加值 P	R	$R_t = a_0 + a_1 A_t + \varepsilon_t$ $P_t = a_0 + a_1 A + a_2 BV_t + \varepsilon_t$ (A 包括: CI_{130}、CI_{broad}、CI_{SEC}、CI_{FCT}、CI_{PEN}，均除以期初普通股市价)	报酬模型下，SFAS130 所要求的综合收益比净利润更具价值相关性，在价格模型结论与之相反，净利润具有最高的价值相关性；在分行业研究中，金融行业 CI_{130} 的价值相关性显著高于 NI
Biddle & Choi, 2006	1994—1998 年，美国公司	CAR，根据市场法计算超额收益	R/I	Relative value relevance(R) $CAR_t = a_0 + a_1 A_t + a_2 A_{t-1} + \varepsilon_t$ (A 为定义的 16 种盈余) Incremental value relevance(I) $CAR_t = a_0 + a_1 NI_t + a_2 NI_{t-1} + a_3 OCI_t + a_4 OCI_{t-1} + \varepsilon_t$	CI_{130} 报酬模型的 R^2 最高，CI_{broad} 的 R^2 要低于 NI，SFAS130 所要求的综合收益最具价值相关性，比汇总的 NI 区分具体内容分解披露，能够提供更多的价值信息

续表

文章	研究对象及时间范围	因变量	研究类型*	模型	主要结论
Chambers et al., 2007	1994—1997年，1998—2003年美国公司	R，原始日报酬率报告日前8个月，报告日后4个月的年度累计值	I	$R_{it} = a_0 + a_1 NI_{it} + a_2(D_1 * NI_{it}) + a_4 OCI_{it} + a_5(D_2 * OCI_{it}) + a_3(D_2 * NI_{it}) + \varepsilon_{it}$ ** $R_{it} = a_0 + a_1 NI_{it} + a_3(D_1 * NI_{it}) + a_3(OCI_{it}^{as-reported}) + a_4 OCI_{it}^{as-if} + \varepsilon_{it}$	手工加工的其他综合收益并未带来增量价值信息，但剔除计量误差的影响后，其他综合收益是具有增量价值相关性的。项目的研究显示，SEC 与 FCT 也具有正向价值相关性
O'Hanlon & Pope, 1999	1972—1992年，英国公司	R，各个年度分段扣除分红和新发影响后的股票报酬累计	I	$R_t^T = a_0 + a_1 NI_t^T + \varepsilon_{1t}$ $R_t^T = a_0 + a_1 NI_t^T + a_2 OCI_t^T + \varepsilon_{2t}$	英国会计准则"脏盈余"原则下，无论短期、中期或长期，一般利润与股票回报的价值相关性高于其他非净利润的价值相关数据。英国净利润的盈余反应系数高于美国，在一定程度上说明，英国准则要求的净利润一般净利润有着更好的可持续性
Stephen et al., 2007	1992—2004年，5个欧洲国家	R，原始累积回报	R/I	$R_t = a_0 + a_1 A_t + a_2 A_{t-1} + \varepsilon_t$（A 为 OI,NI,CI 等） $R_t = a_0 + a_1 NI_t + a_2 NI_{t-1} + a_3 OCI_t + a_4 OCI_{t-1} + \varepsilon_t$	所有国家的综合收益的价值相关性均低于净利润和营业利润；但是对于多数国家而言，其他综合收益会计数相对于净利润，具有增量价值相关性

续表

文章	研究对象及时间范围	因变量	研究类型*	模型	主要结论
Kanagar-etnam et al., 2009	1998—2003年，加拿大	P:t 年财政年度结束后第三个月末每股价格 R:t 年财政年度结束后第三个月末股票报酬（含分红）	I	$P_t = a_0 + a_1 BVE_t + a_2 NI_t + a_3 HEDGE_t + a_4 SEC_t + a_5 FOREX_t + \varepsilon_t$ $R_t = b_0 + b_1 NI_t + b_2 HEDGE_t + b_3 SEC_t + b_4 FOREX_t + \varepsilon_t$ $R_t = b_0 + b_1 NI_t + b_2 HEDGE_t + b_3 SEC_t + b_4 FOREX_t + b_5 NI_{t-1} + b_6 HEDGE_{t-1} + b_7 SEC_{t-1} + b_8 FOREX_{t-1} + \varepsilon_t$	综合收益在解释能力上比净利润更优，并且其他综合收益项目——可供出售金融资产和现金流量套期项目，与股票价格、市场回报都显著正相关
Cahan et al., 2000	1993—1997年，新西兰	Pt: 时间点的股价	I	$P_t = \beta_1 BVE_t + \beta_2 DIV_t + \beta_3 NI_t + \beta_4 OCI_t$	

* 研究类型指相对关联研究（R）或增量关联研究（I）。

** D_1 是哑变量，当 NI_{it} 为负数时取 1，正数时为 0。通过这种方式，作者对负盈余估值差异进行了控制（Hayn, 1995）。
D_2 是哑变量，0 表示 SFAS 130 之前，1 表示 SFAS 130 之后。

4.1.2 国内综合收益价值相关性文献综述

我国是在 2007 年执行新企业会计准则后，才开始产生"绕过损益表直接计入权益"的"脏盈余"项目的，且在第 3 号准则解释之后才正式出现综合收益的概念，并在利润表中进行单独列示。因此，本书仅对 2007 年之后的我国综合收益价值相关性研究进行了分析。

程小可、龚秀丽（2008）以 2007 年沪市 A 股上市公司为对象（剔除了银行、证券、保险等金融行业公司），使用报酬模型对净利润与综合收益①的价值相关性进行了比较研究，并对综合收益组成项目是否具有增量信息进行了研究。研究结果发现，综合收益与净利润均与股票报酬显著相关，但综合收益的价值相关性低于净利润。其他综合收益的各组成项目中，仅可供出售金融资产和权益法下被投资单位其他股东权益变动等两个项目具有增量价值相关性。不过，他们未研究其他综合收益合计数相对于净利润是否具有增量信息。

汤小娟、王蕾（2009）同样以 2007 年沪市 A 股上市公司为对象，分析了综合收益和传统的净利润所包含的信息含量的差异。研究表明，综合收益和净利润均与超额累积报酬率显著相关，但综合收益的影响程度要弱于净利润。在考虑了机构投资者的影响后，结果仍未改变，说明相对于综合收益而言，投资者更为关注传统的净利润信息，会计准则中的综合收益概念有待

---

① 在国内相关研究中，有的学者将综合收益表述为全面收益，在本书引用时，统称为综合收益。

强化。

欧阳爱平、刘仑（2010）以2007年、2008年沪市A股上市公司年报数据为样本，采用报酬模型，比较综合收益和传统的净利润的价值相关性。检验结果显示，综合收益的价值相关性低于净利润，投资者对利润表的关注高于股东权益变动表。由此，作者认为我国的综合收益列报方式有待改进。但本书认为，他们的推论有失偏颇。虽然2007年、2008年未执行综合收益列报要求，但实证研究结果"综合收益的价值相关性质量低于净利润"的具体原因并无定论。

谢获宝（2010）基于2007年、2008年沪深两地A股上市公司的样本数据，同时采用价格模型和报酬模型，从"增量"和"相对"两个角度，对综合收益及其构成的价值相关性进行实证检验。研究表明，除"可供出售金融资产公允价值变动净额"项目以外，其他综合收益总额及其各项目的增量价值相关性在不同的年份里表现并不稳定；相对于净利润，综合收益总额信息并不具有更高的价值相关性。

赵自强、刘珊汕（2009）以2006—2007年沪深A股上市公司为对象，实证分析综合收益与股票回报的价值相关性。研究结果认为，新会计准则的实施在一定程度上增加了综合收益的价值相关性，同时也反映出资本市场能够较好地理解其他综合收益项目的价值指示作用。

张沐苏（2010）基于沪深A股上市公司2007—2008年报及2009年中报数据，采用价格模型，对净利润与综合收益的价值相关性进行了比较检验。结果发现，综合收益和传统的净利润都具有价值相关性，但综合收益的价值相关性更强。同时，其他综合收益信息相对于净利润具有增量价值含量。

唐国平、欧理平（2011）利用价格模型，以 2009 年沪市 A
股公司为对象，以相对关联研究和增量关联研究的方法，检验了
综合收益相对于净利润对股票回报的解释能力，以及其他综合收
益与股票价格的价值相关性。研究结果表明，净利润和综合收益
均具有价值相关性。但净利润模型中变量的系数大于综合收益模
型中的系数，且净利润的 $AdjR^2$ 高于综合收益，这表明净利润具
有更高的价值相关性。同时，其他综合收益系数为负，但在10%
的水平上不显著，说明其他综合收益并不能提供增量价值相关性
（甚至可能是降低）。

综合上述研究可以看出，在我国，关于净利润、其他综合收
益、综合收益的价值相关性研究存在着两种不同的结论。一种认
为传统净利润的价值相关性高于综合收益，且其他综合收益不具
有增量价值信息；另一种认为综合收益的价值相关性高于传统的
净利润，且其他综合收益具有增量价值信息。进一步分析，上述
研究还存在以下差异，有待进一步完善：

1. 自变量来源不尽统一

多数文献研究的期间是 2007—2008 年，这一期间，上市公
司尚未被要求在利润表中单独列示其他综合收益、综合收益等相
关信息，研究的数据均取自股东权益变动表。这种情况下，上述
自变量价值相关性的差异到底是因为自身有用性导致，还是因披
露位置导致，并无定论。

2. 对其他综合收益、综合收益的界定不尽相同

有些研究对于其他综合收益的定义甚至还存在偏差。根据
《企业会计准则解释第 3 号》的定义，其他综合收益是企业未在

损益中确认的各项利得和损失扣除所得税影响后的金额，综合收益是企业净利润与其他综合收益的合计金额。显然，已在利润表中确认的公允价值变动损益、资产减值损失等，并不属于其他综合收益。而部分文献却将这些项目当做其他综合收益，并且研究其相对于净利润的增量价值相关性，这些研究的准确性值得商榷。

3. 研究方法不尽统一

有的文献使用了价格模型，有的使用报酬模型。且对于报酬模型，有些文献研究的是净利润、其他综合收益、综合收益的水平值与股票报酬的关系，而有些研究的是净利润、其他综合收益、综合收益的变动值与超额累积回报的关系。不同方法的研究结果存在一定程度的差异。

4.1.3　对文献结论差异性的分析

通过对上述文献的深入研究，可以看到综合收益价值相关性研究较为清晰的一个视图：在美国，20 世纪 90 年代后，随着综合收益概念逐步深入人心，其价值相关性已超过净利润，同时，其他综合收益具有增量价值相关信息。而在其他国家，尤其是我国，结论刚好与之相反。由此可以判断，综合收益价值相关性存在国别差异，亦即在会计准则国际趋同的大背景下，同样执行综合收益披露准则，后果却不相同。这其中，一方面可能是由于会计准则要求的综合收益、其他综合收益项目本身存在差异；另一方面，可能反映了不同国家在实际信息需求方面存在差异。

1. 基于准则视角的分析

由于目前国际财务报告准则以及各国会计准则，仅对综合收益的列报进行了规定，而未统一规范综合收益、其他综合收益的确认与计量。因此，不同文献中使用的自变量——综合收益或其他综合收益的内容并不相同，从而导致其与企业价值的相关性自然存在差异。

目前，美国、英国、IASB 和我国会计准则规定的其他综合收益项目具体内容如表 4﹣3 所示：

表4﹣3　不同国家和地区其他综合收益主要项目一览表

国家和地区	其他综合收益主要项目
美国	（1）外币折算调整;（2）证券投资未实现利得;（3）最低养老金债务调整;（4）现金流量套期会计未实现利得
英国	（1）国外净投资上的外币折算差额;（2）贸易投资上的未实现利得;（3）养老金义务的变动;（4）不动产重估未实现利得
IASB	（1）外币折算调整;（2）证券投资未实现利得;（3）养老金负债调整;（4）现金流量套期会计未实现利得;（5）权益法投资导致的其他综合收益
中国	（1）外币折算调整;（2）证券投资未实现利得;（3）现金流量套期会计未实现利得;（4）权益法投资导致的其他综合收益

其他综合收益的具体项目存在差异，是一个直观现象，而实际上，即便是相同的项目，其背后的制度要求和会计准则规定之间也可能存在差异。同样的项目由于市场环境不同，其相对净利润或综合收益的重要性也不尽相同。比如养老金负债项目，虽然美国、英国、国际会计准则中的其他综合收益项目均包括养老金义务的变动，但对养老金义务变动的确认、计量以及计入综合收益表金额的规定是存在差异的。这必然导致不同国家和地区的其他综合收益项目本身存在差异。同时，对于美国而言，多数企业

89

均会为员工安排设定收益养老金计划，此项计划是美国福利制度的重要组成部分，因这项制度导致企业承担的义务，对于企业的价值确实存在较大影响。而我国，尚无设定收益养老金计划的正式制度安排。这些体制的差异、准则本身计量确认的差异，都可能导致其他综合收益、综合收益项目在不同国家和地区存在不同的价值相关性。

2. 基于报告使用者需求的分析

综合收益价值相关性研究，在某种意义上研究的是综合收益对于财务报告使用者而言是否有用。因此，其会受到使用者本身对该指标的了解程度、应用会计盈余信息的能力等的影响，也与资本市场的发达程度存在一定关系。Cheng et al.（1993）及其后学者对美国市场的研究，以及我国和其他国家的结论与美国主流结论的差异，在一定程度上就说明了这一点。美国早期，综合收益的价值相关性也是弱于净利润，乃至营业利润。但后期，市场信息需求者逐渐认识、了解和熟悉了综合收益指标。在这种情况下，综合收益的价值相关性才超过净利润，其他综合收益也具有了增量价值信息。

在我国，也有学者根据实证研究结果推断，对于我国投资者而言，综合收益是一个新的概念。他们对股东权益变动表的关注程度远不如利润表，同时直接计入所有者权益的利得和损失，极易受到市场环境的影响而产生价值波动，因此相对于净利润而言，综合收益及其具体项目的价值相关性低很多（程小可、龚秀丽，2008）。这种情况说明遵循相同的会计准则，不一定得出完全一致的财务报告；即使得出了一致的财务报告，相关信息对于不同国家的财务报告使用者而言，有用性也可能是不同的。

3. 基于研究方法与内容的分析

已有研究文献，之所以表现出结论不一致的现象，与研究方法和内容花样繁多、各自不同有着重要关系。会计实证研究方法实际上是计量经济学在会计中的应用。在会计实证研究中，后续研究更多的是沿用前人的研究方法、模型，在某些情况下可能未能对研究模型本身及推导逻辑有着清晰的理解。在综合收益价值相关性研究中，这种现象尤为突出。不同的研究中使用的模型各异，有价格模型，也有报酬模型，报酬模型中又有盈余水平报酬模型、盈余变动模型、超额累积报酬模型等；自变量定义更是千差万别，有的直接使用盈余水平，有的使用盈余水平（或变动，或二者兼有）除以期初股票价格；报酬取值的区间也不尽相同。前文所说的 Biddle & Choi（2006）研究就是例证。从计量经济学的角度看，这些形似而神异的模型、方法，很有可能存在统计意义上的重大差异，从而导致研究结论大相径庭，降低了可信度。

4.2 研究目的与模型设计

4.2.1 研究目的

如本章标题所述，本书不仅仅是研究综合收益的价值相关性，更为重要的是要研究会计准则国际趋同背景下综合收益的价值相关性。我国《企业会计准则解释第 3 号》是在会计准则国际趋同的背景下产生的。该披露规定的提出，实际上基于两个前提：一是，其他综合收益、综合收益能够为财务报告使用者提供有用的信息，即比传统的净利润具有更高的价值相关性，或与净利润相比具有增量价值信息；二是，这一结论在我国也是成立的。只有这两个前提均成立，我国引入综合收益披露准则才是有意义的。

本书前面的章节对国外综合收益价值相关性文献分析的结果表明，对于美国上市公司，综合收益价值相关性高于净利润。不过，这并非文献综述直接得出的结论，而是本书分析的结果。同时，我国目前已有文献的研究结论还存在一定的不一致性。为此，本书将分别对我国上海证券交易所 A 股、香港联交所和纽约证券交易所上市公司的净利润、其他综合收益、综合收益的价值相关性进行实证研究，以期进一步证实在不同国家和地区，净利润、其他综合收益、综合收益的价值相关性究竟怎样，为本书后续的会计准则国际趋同策略研究提供相应依据。

4.2.2 模型设计

Holthausen 和 Watts（2001）对会计盈余相对于股票报酬或股价之间相关性的文献进行了分析，指出现有价值相关性文献通常包括三类，即相对关联研究、增量关联研究和边际价值相关性研究。本书通过对国内外相关文献的梳理，发现在综合收益价值相关性研究领域，研究方法主要是上述前两种，即相对关联研究和增量关联研究。（1）相对关联研究。通常用于比较不同的会计盈余数据与股票报酬或价格之间相关性的差异。具体方法为：建立不同盈余数据与股票报酬或价格的回归模型，比较模型 R^2 的差异，具有较大 R^2 的会计盈余被认为具有较高的价值相关性。（2）增量关联研究。通常关注相关会计盈余数据的回归系数，如果回归系数显著不为零，则说明该会计盈余具有价值相关性。无论是相对关联研究，还是增量关联研究，使用的模型均为报酬模型和价格模型两种。报酬模型具体又包括水平值报酬模型与变动值报酬模型。水平值报酬模型研究某一时间点的会计盈余水平数与累积报酬的回归关系，变动值报酬模型研究某一期间会计盈余变动与超额累积报酬的回归关系。[①]

Cristie（1987）、Kothari & Zimmerman（1995）等人的研究发现，报酬模型和价格模型各有利弊：（1）在报酬模型中，会计收益的解释能力通常很弱，并且如果股票市场预见到会计收益中的成分，并将这种预期反映在期初的股价上，对盈余系数的估计将会为零，但是价格模型不会产生这样的偏差，因为股价反映了会计收益的累积影响。（2）虽然价格模型估计的斜率系数更无偏，但是其存在更多的计量经济方面的异方差问题。因此，建议同时使用价格模型与报酬模型，以提供更令人信服的证据。

本书借鉴前人研究，同时构建报酬模型和价格模型，分别进行相对关联研究与增量关联研究，以检验传统净利润、综合收益与企业价值的相关性。此外，这一领域的实证研究中通常选择了公司规模、流通股比例等作为控制变量。[②] 由于目前我国的上市公司几乎已经实现全流通，流通股比例对于股价相关性的影响可以不再考虑。因此，控制变量仅选择了公司规模。一般认为，公司规模越大，利益群体也就越大，回报反而越小。

---

① 水平值。

② Chen et al.（2001）的研究结论指出，企业流通股比例越高，企业会计信息与资本市场的价值相关性越强。陈信元等人（2002）在研究会计信息价值相关性时引入企业规模和流通股比例作为控制变量，更好地验证了会计收益在我国证券市场定价中的作用。程小可（2008）在研究盈余结构的价值相关性拓展检验部分时，引入了公司规模、流通股比例及行业属性作为控制变量。

模型具体如下：

相对关联研究下水平模型：

$$R_t = a_0 + a_1 EPS_t/P_{t-1} + a_2 ASSETL_t + \varepsilon_t \qquad 模型1$$

$$R_t = a_0 + a_1 CI\_S_t/P_{t-1} + a_2 ASSETL_t + \varepsilon_t \qquad 模型2$$

$$P_t = a_0 + a_1 EPS_t + a_2 BVE\_S_t + \varepsilon_t \qquad 模型3$$

$$P_t = a_0 + a_1 CI\_S_t + a_2 BVE\_S_t + \varepsilon_t \qquad 模型4$$

增量关联研究下水平模型：

$$R_t = a_0 + a_1 EPS_t/P_{t-1} + a_2 OCI\_S_t/P_{t-1} + a_3 ASSETL_t + \varepsilon_t$$
$$模型5$$

$$P_t = a_0 + a_1 EPS_t + a_2 OCI\_S_t + a_3 BVE\_S_t + \varepsilon_t \qquad 模型6$$

相对关联研究下变动模型：

$$AR_t = \gamma_0 + \gamma_1 EPS_t/P_{t-1} + \gamma_2 \Delta EPS_t/P_{t-1} + \gamma_3 ASSETL_t + \varepsilon_t$$
$$模型7$$

$$AR_t = \gamma_0 + \gamma_1 CI\_S_t/P_{t-1} + \gamma_2 \Delta CI\_S_t/P_{t-1} + \gamma_3 ASSETL_t + \varepsilon_t$$
$$模型8$$

增量关联研究下变动模型：

$$AR_t = \gamma_0 + \gamma_1 EPS_t/P_{t-1} + \gamma_2 \Delta EPS_t/P_{t-1} + \gamma_3 OCI\_S_t/P_{t-1} +$$
$$\gamma_4 \Delta OCI\_S_t/P_{t-1} + \gamma_5 ASSETL_t + \varepsilon_t \qquad 模型9$$

对各变量的解释及说明如表4-4：

表4-4 对各变量的解释及说明

因变量	P_t	第 t 年披露期末收盘价，其中：中国内地 A 股市场为次年 4 月最后一个交易日收盘价，如 t = 2009，P_t 取 2010 年 4 月 30 日收盘价；香港股票市场和纽约股票市场为次年 3 月最后一个交易日收盘价。
	R_t	第 t 年累积报酬率（考虑现金红利再投资），其中：中国 A 股市场为报告期前 8 个月至报告日后 4 个月的累计报酬率，香港股票市场和纽约股票市场为报告日前 9 个月至报告日后 3 个月的累计报酬率。
	AR_t	第 t 年超额累积报酬率①，依据 CAPM 模型，经市场调整后的第 t 年超额累积报酬率。其中：中国内地 A 股市场为报告期前 8 个月至报告日后 4 个月的超额累计报酬率，香港股票市场和纽约股票市场为报告日前 9 个月至报告日后 3 个月的超额累计报酬率。
自变量	EPS_t	第 t 年每股收益。
	ΔEPS_t	第 t 年每股收益变动值，第 t 年每股收益与第 t-1 年每股收益之差。
	OCI_S_t	第 t 年每股其他综合收益，为每股综合收益与每股收益之差。
	ΔOCI_S_t	第 t 年每股其他综合收益变动值，第 t 年每股其他综合收益与第 t-1 年每股其他综合收益之差。
	CI_S_t	第 t 年每股综合收益。
	ΔCI_S_t	第 t 年每股综合收益变动值，第 t 年每股综合收益与第 t-1 年每股综合收益之差。
	$ASSETL_t$	第 t 年公司规模，为第 t 年期末总资产以亿为单位取自然对数。
	BVE_S_t	第 t 年年末每股账面净资产。
	$YEAR_t$	第 t 年，哑元变量，为该年时取 1，否则取 0。

① 计算公式为 $AR_t = \left\{ \prod\limits_{k=1}^{12} (1 + R_{i,k}) - 1 \right\} - \beta_i \left\{ \prod\limits_{k=1}^{12} (1 + R_{m,k}) - 1 \right\}$。$R_i$ 指个股月度回报率（考虑现金红利再投资），R_m 指市场月度回报率（考虑现金红利再投资），β_i 为个股 beta 值。

为分析综合收益披露准则的要求在不同国家和地区是否存在不同作用，本书后续部分将分别以中国内地沪市 A 股市场（简称 SH）、香港股票市场（简称 HK）、纽约股票市场（简称 NY）的上市公司为对象进行研究。

4.3 基于中国 A 股市场综合收益价值相关性的实证研究

4.3.1 数据与样本

第 3 号准则解释发布之后，我国上市公司才开始在利润表中单独列示其他综合收益、综合收益数据，因此，本书以 2009 年、2010 年两年沪市 A 股上市公司为样本，数据主要来源于 wind 及国泰安数据库。

本书初选样本为 2009 年和 2010 年沪市 A 股所有上市公司，同时收集了 2009 年至 2011 年个股每年 4 月最后一个交易日收盘价，2009 年 5 月至 2011 年 4 月个股月度回报率、市场月度回报率（上证指数），2009 年和 2010 年每股收益、其他综合收益、综合收益、发行在外加权平均股数、总资产、每股净资产等指标，剔除 ST 公司、缺失数据和极端值后，最后得到样本为：（1）报酬模型中，2009 年 619 家，2010 年 636 家；（2）价格模型中，2009 年 637 家，2010 年 664 家；（3）增量报酬模型中，2010 年 592 家。

4.3.2 实证检验与分析

1. 简单统计分析

表 4-5   SH 报酬模型变量描述性统计值

变量	样本量	最小值	最大值	均值	标准差
R_t	1255	−0.3820	4.5542	0.3456	0.4529
EPS_t/P_{t-1}	1255	−0.3353	0.1844	0.0256	0.0310
OCI_S_t/P_{t-1}	1255	−0.3067	0.4818	0.0031	0.0313
CI_S_t/P_{t-1}	1255	−0.3353	0.5297	0.0290	0.0461
$ASSETL_t$	1255	0.4076	11.8100	3.7013	1.3632

表 4-6   SH 价格模型变量描述性统计值

变量	样本量	最小值	最大值	均值	标准差
P_t	1301	3.3300	182.3100	14.6199	10.7236
EPS_t	1301	−1.7000	5.3500	0.3599	0.4907
OCI_S_t	1301	−3.0818	7.7955	0.0299	0.3893
CI_S_t	1301	−2.6882	8.5713	0.3846	0.6141
BVE_S_t	1301	−0.1949	26.3732	3.9295	2.4290

表 4-7   SH 增量报酬模型变量描述性统计值

变量	样本量	最小值	最大值	均值	标准差
AR_t	592	−0.3992	2.7237	0.1404	0.3529
EPS_t/P_{t-1}	592	−0.0866	0.1608	0.0261	0.0252
$\Delta EPS_t/P_{t-1}$	592	−0.1726	0.3368	0.0017	0.0316
OCI_S_t/P_{t-1}	592	−0.3067	0.1903	−0.0010	0.0232

续表

变量	样本量	最小值	最大值	均值	标准差
$\Delta OCI\_S_t/P_{t-1}$	592	-0.6434	0.1892	-0.0084	0.0558
CI_S_t/P_{t-1}	592	-0.3039	0.2274	0.0248	0.0347
$\Delta CI\_S_t/P_{t-1}$	592	-0.6425	0.3368	-0.0080	0.0675
$ASSETL_t$	592	0.4124	11.8100	3.7505	1.3620

表4-5至表4-7分别列示了报酬模型、价格模型以及增量报酬模型中各变量的描述性统计值。2009—2010年沪市A股上市公司累计报酬率均值为34.56%，波动幅度为45.29%；股价平均值为14.62元，波动幅度达到10.72元；平均每股收益、每股其他综合收益和每股综合收益分别为0.36元、0.03元、0.38元。

表4-8　SH 报酬模型变量间相关系数表

		R_t	EPS_t/P_{t-1}	OCI_S_t/P_{t-1}	CI_S_t/P_{t-1}	$ASSETL_t$
R_t	相关系数	1	0.037	0.059*	0.081**	-0.204**
	显著性（双尾）		0.190	0.037	0.004	0.000
	样本量	1255	1255	1255	1255	1255
EPS_t/P_{t-1}	相关系数	0.090**	1	0.011	0.671**	0.385**
	显著性（双尾）	0.001		0.706	0.000	0.000
	样本量	1255	1255	1255	1255	1255
OCI_S_t/P_{t-1}	相关系数	0.191**	0.050	1	0.686**	0.006
	显著性（双尾）	0.000	0.078		0.000	0.845
	样本量	1255	1255	1255	1255	1255
CI_S_t/P_{t-1}	相关系数	0.130**	0.878**	0.263**	1	0.253**
	显著性（双尾）	0.000	0.000	0.000		0.000
	样本量	1255	1255	1255	1255	1255

续表

		R_t	EPS_t/P_{t-1}	OCI_S_t/P_{t-1}	CI_S_t/P_{t-1}	$ASSETL_t$
$ASSETL_t$	相关系数	−0.220**	0.438**	−0.002	0.395**	1
	显著性(双尾)	0.000	0.000	0.932	0.000	
	样本量	1255	1255	1255	1255	1255

*/**分别表示在0.05和0.01水平下双尾显著;表中上三角区为Pearson的线性相关系数,下三角区为Spearman的秩相关系数。

表4-9　SH价格模型变量间相关系数表

		P_t	EPS_t	OCI_S_t	CI_S_t	BVE_S_t
P_t	相关系数	1	0.657**	0.018	0.375**	0.521**
	显著性(双尾)		0.000	0.510	0.000	0.000
	样本量	1301	1301	1301	1301	1301
EPS_t	相关系数	0.509**	1	0.005	0.677**	0.677**
	显著性(双尾)	0.000		0.864	0.000	0.000
	样本量	1301	1301	1301	1301	1301
OCI_S_t	相关系数	0.019	−0.008	1	0.639**	0.150**
	显著性(双尾)	0.489	0.777		0.000	0.000
	样本量	1301	1301	1301	1301	1301
CI_S_t	相关系数	0.459**	0.891**	0.183**	1	0.556**
	显著性(双尾)	0.000	0.000	0.000		0.000
	样本量	1301	1301	1301	1301	1301
BVE_S_t	相关系数	0.441**	0.616**	0.034	0.573**	1
	显著性(双尾)	0.000	0.000	0.216	0.000	
	样本量	1301	1301	1301	1301	1301

**表示0.01水平下双尾显著;表中上三角区为Pearson的线性相关系数,下三角区为Spearman的秩相关系数。

表 4-10　SH 增量报酬模型变量间相关系数表

		AR_t	EPS_t/P_{t-1}	$\Delta EPS_t/P_{t-1}$	OCI_S_t/P_{t-1}	$\Delta OCI\_S_t/P_{t-1}$	CI_S_t/P_{t-1}	$\Delta CI\_S_t/P_{t-1}$	$ASSETL_t$
AR_t	相关系数	1	0.123**	0.180**	0.041	0.051	0.118**	0.103*	-0.081*
	显著性(双尾)		0.003	0.000	0.318	0.211	0.004	0.012	0.049
	样本量	592	592	592	592	592	592	592	592
EPS_t/P_{t-1}	相关系数	0.094*	1	0.193**	0.033	0.043	0.731**	0.106**	0.490**
	显著性(双尾)	0.022		0.000	0.425	0.298	0.000	0.010	0.000
	样本量	592	592	592	592	592	592	592	592
$\Delta EPS_t/P_{t-1}$	相关系数	0.229**	0.249**	1	0.046	0.051	0.163**	0.494**	0.033
	显著性(双尾)	0.000	0.000		0.264	0.214	0.000	0.000	0.426
	样本量	592	592	592	592	592	592	592	592
OCI_S_t/P_{t-1}	相关系数	0.076	0.074	0.040	1	0.837**	0.692**	0.712**	-0.033
	显著性(双尾)	0.064	0.074	0.328		0.000	0.000	0.000	0.417
	样本量	592	592	592	592	592	592	592	592
$\Delta OCI\_S_t/P_{t-1}$	相关系数	0.021	0.083*	0.040	0.572**	1	0.590**	0.847**	-0.034
	显著性(双尾)	0.615	0.044	0.335	0.000		0.000	0.000	0.408
	样本量	592	592	592	592	592	592	592	592
CI_S_t/P_{t-1}	相关系数	0.106**	0.898**	0.247**	0.256**	0.237**	1	0.552**	0.326**
	显著性(双尾)	0.010	0.000	0.000	0.000	0.000		0.000	0.000
	样本量	592	592	592	592	592	592	592	592
$\Delta CI\_S_t/P_{t-1}$	相关系数	0.187**	0.189**	0.808**	0.272**	0.356**	0.296**	1	-0.036
	显著性(双尾)	0.000	0.000	0.000	0.000	0.000	0.000		0.386
	样本量	592	592	592	592	592	592	592	592
$ASSETL_t$	相关系数	-0.121**	0.497**	0.091*	-0.081*	-0.086*	0.428**	-0.005	1
	显著性(双尾)	0.003	0.000	0.026	0.050	0.037	0.000	0.912	
	样本量	592	592	592	592	592	592	592	592

*/**分别表示在 0.05 和 0.01 水平下双尾显著；表中上三角区为 Pearson 的线性相关系数，下三角区为 Spearman 的秩相关系数。

表 4-8 至表 4-10，列示了三类模型下各变量间（包括因变量与自变量）的相关系数（参数假定下的 Pearson 线性相关系数与非参数假定下的 Spearman 秩相关系数）。三个模型下变量相关性结果整体是一致的，净利润、其他综合收益、综合收益与报酬率、股价均存在显著正相关关系。资产规模与股价、报酬率也存在显著相关关系，且相关性为负，与已有研究假设相符。

2. 实证结果及分析

表 4-11 SH 报酬模型回归结果

变量	模型 1			模型 2			模型 5		
	系数	t 值	Sig.	系数	t 值	Sig.	系数	t 值	Sig.
Int	0.772	23.017	0.000	0.757	22.542	0.000	0.772	22.957	0.000
EPS_t/P_{t-1}	1.984	5.109	0.000				1.984	5.106	0.000
OCI_S_t/P_{t-1}							0.020	0.055	0.956
CI_S_t/P_{t-1}				0.934	3.709	0.000			
$ASSETL_t$	-0.075	-8.443	0.000	-0.066	-7.710	0.000	-0.075	-8.440	0.000
$YEAR_{2010}$	-0.395	-17.745	0.000	-0.386	-17.167	0.000	-0.395	-17.575	0.000
$F\text{-}value$	136.644 **			131.291 **			102.402 **		
$Adj\ R^2$	0.245			0.238			0.244		

** 表示 0.01 水平下双尾显著。

表 4-12 SH 价格模型回归结果

变量	模型 3			模型 4			模型 6		
	系数	t 值	Sig.	系数	t 值	Sig.	系数	t 值	Sig.
Int	7.964	16.267	0.000	5.780	10.662	0.000	7.954	16.216	0.000

续表

变量	模型 3			模型 4			模型 6		
	系数	t 值	Sig.	系数	t 值	Sig.	系数	t 值	Sig.
EPS_t	12.337	19.993	0.000				12.309	19.783	0.000
OCI_S_t							-0.213	-0.363	0.717
CI_S_t				2.171	4.386	0.000			
BVE_S_t	0.615	4.944	0.000	1.992	15.910	0.000	0.624	4.916	0.000
$YEAR_{2010}$	-0.394	-0.884	0.377	0.347	0.686	0.493	-0.412	-0.919	0.358
$F-value$	344.067**			169.960**			257.911**		
$Adj\ R^2$	0.442			0.281			0.441		

**表示 0.01 水平下双尾显著。

表 4−13　SH 增量报酬模型回归结果

变量	模型 7			模型 8			模型 9		
	系数	t 值	Sig.	系数	t 值	Sig.	系数	t 值	Sig.
Int	0.241	5.795	0.000	0.229	5.443	0.000	0.242	5.793	0.000
EPS_t/P_{t-1}	2.504	3.824	0.000				2.474	3.767	0.000
$\Delta EPS_t/P_{t-1}$	1.693	3.711	0.000				1.679	3.674	0.000
OCI_S_t/P_{t-1}							-0.139	-0.125	0.901
$\Delta OCI\_S_t/P_{t-1}$							0.241	0.520	0.603
CI_S_t/P_{t-1}				1.553	2.855	0.004			
$\Delta CI\_S_t/P_{t-1}$				0.073	0.276	0.783			
$ASSETL_t$	-0.045	-3.782	0.000	-0.034	-2.920	0.004	-0.044	-3.726	0.000
$F-value$	13.248**			6.072**			8.048**		
$Adj\ R^2$	0.059			0.025			0.056		

**表示 0.01 水平下双尾显著。

表 4-11 列示了报酬模型的回归结果，具体为模型 1、模型 2
和模型 5。首先，模型 1 与模型 2 是相对关联研究模型，分别为
每股收益和每股综合收益与股票报酬的回归模型。其中，每股收
益与每股综合收益的回归系数分别为 1.984 和 0.934，都在 0.01
水平下显著，说明每股收益、每股综合收益与股票报酬均显著相
关。但方程整体调整后 R^2 分别为 0.245 和 0.238，说明每股收益
的相关性高于每股综合收益。模型 5 是增量关联研究模型。其
中，每股收益的回归系数为 1.984，在 0.01 水平下显著；而每股
其他综合收益回归系数仅为 0.02，且不显著。从方程整体回归结
果看，在每股收益基础上增加每股其他收益，方程整体调整后
R^2 反而有所下降。模型 5 调整后 R^2 为 0.244，略低于模型 1 的
0.245。因此，从报酬模型的实证结果看，每股收益的价值相关
性高于每股综合收益。在每股收益变量基础上增加每股其他综合
收益，方程整体拟合优度下降，且每股其他综合收益的回归系数
不显著，说明不具备增量信息含量。

价格模型（表 4-12）、增量报酬模型（表 4-13）的结论与
报酬模型的结论整体是一致的。其中，价格模型检验的结论更加
突出，模型 3（每股收益）、模型 4（每股综合收益）的整体拟
合优度与报酬模型相比存在更大差异，调整后 R^2 分别为 0.442
和 0.281；每股收益与每股综合收益的回归系数也存在较大差异，
分别为 12.337 和 2.171。在每股收益基础上加入每股其他综合收
益后，每股其他综合收益回归系数不显著。

4.3.3 研究结论

综合上述报酬模型、价格模型以及增量报酬模型实证检验结

果，可以看出：

1. 在当前我国资本市场中，综合收益指标的价值相关性要低于传统的净利润指标的价值相关性。

2. 在净利润指标基础上，其他综合收益指标无增量价值信息。

这些结论同国内已有研究，如程小可、龚秀丽（2008），汤小娟、王蕾（2009），欧阳爱平、刘仑（2010），谢获宝等人（2010）的研究结论是一致的。由于上述已有研究是针对我国上市公司2009年以前的财务数据模拟得出的综合收益数据，而本书的研究是以2009—2010年上市公司实际公布的财务数据为样本，即针对《企业会计准则解释第3号》有关综合收益披露要求发布后的数据进行的，因此上述结论可进一步得到证实。

3.《企业会计准则解释第3号》以会计准则国际趋同为目的引入综合收益披露要求，在我国当前环境下，仅增加了企业的财务报告披露成本，而未能给财务报告使用者提供更多的有用信息，不符合决策有用的会计观。

这一实证结果与本书前述章节对综合收益概念的理论分析结论存在一定的偏差。按照理论分析，综合收益是随着经济环境变化，经济收益与会计收益相互调和后的产物，因此，从理论上看，综合收益比传统的会计收益——净利润更具有合理性，能够更好地反映企业的经营业绩。那么，为何我国的实证结果却显示综合收益价值相关性弱于净利润？这是我国的特殊现象，还是全球的普遍现象？在其他国家和地区，综合收益价值相关性与净利润价值相关性相比又如何？由于国外已有研究文献方法各异，结论也不尽相同，本书后面章节将分别选取香港地区股票市场和美国股票市场为研究对象，采用与上述我国内地沪市 A 股同样的研究方法，进行比较研究。

4.4　基于香港股票市场综合收益价值相关性的实证研究

4.4.1　数据与样本

由于香港地区执行 IFRS，其上市公司也是在 IAS 1 修订后才要求编制综合收益表，因此本书选取 2009 年、2010 年香港证券交易所上市公司为样本，与 A 股市场具有可比性，数据主要来源于 Bloomberg 数据库。

本书初选样本为 2009 年和 2010 年香港证券交易所的所有上市公司，同时收集了 2009 年至 2011 年个股每年 3 月最后一个交易日收盘价，2009 年 4 月至 2011 年 3 月个股回报率、月度市场回报率（恒生指数，HSI），2009 年和 2010 年每股收益、其他综合收益、综合收益、发行在外加权平均股数、总资产、每股净资产等指标，选择会计年度为 1 月 1 日至 12 月 31 日，剔除数据缺失和极端值后，最后得到样本为：（1）报酬模型中，2009 年 780 家，2010 年 849 家；（2）价格模型中，2009 年 829 家，2010 年 912 家。

4.4.2 实证检验与分析

1. 简单统计分析

表4-14　HK 报酬模型变量描述性统计值

变量	样本量	最小值	最大值	均值	标准差
R_t	1629	-0.9928	121.8394	0.8944	3.3555
EPS_t/P_{t-1}	1629	-149.4118	101.5385	-0.2193	5.4765
OCI_S_t/P_{t-1}	1629	-10.2308	32.5926	0.0562	1.1220
CI_S_t/P_{t-1}	1629	-149.4118	120.0000	-0.1631	5.6615
$ASSETL_t$	1629	-5.3666	11.5908	3.3557	2.1322

表4-15　HK 价格模型变量描述性统计值

变量	样本量	最小值	最大值	均值	标准差
P_t	1741	0.0110	189.5000	6.0534	14.4342
EPS_t	1741	-15.2400	25.4200	0.3274	1.3580
OCI_S_t	1741	-5.3200	13.8300	0.1007	0.7193
CI_S_t	1741	-14.7600	26.8700	0.4280	1.6100
BVE_S_t	1741	-4.0170	138.9392	3.8058	10.1402

表4-14与表4-15,分别列示了香港股票市场上市公司2009—2010年报酬模型、价格模型中各变量的描述性统计值。2009—2010年香港上市公司累计报酬率均值为89.44%,最小值为-99.28%,最大值为12183.94%,波动幅度高达335.56%。远高于同期沪市A股市场对应指标(沪市A股上市公司累计报酬率均值为34.56%,最小值为-38.20%,最大值为455.42%,

波动幅度为 45.29%)。

股价平均值为 6.05 元,最小值为 0.011 元,最大值为 189.50 元,波动幅度为 14.43 元。平均每股收益、每股其他综合收益和每股综合收益分别为 0.33 元、0.10 元、0.43 元。上述指标与同期沪市 A 股对应指标无较大差异(沪市 A 股上市公司平均股价为 14.62 元),最小值为 3.33 元,最大值为 182.31 元,波动幅度为 10.72 元。

表 4 - 16　HK 报酬模型变量间相关系数表

		R_t	EPS_t/P_{t-1}	OCI_S_t/P_{t-1}	CI_S_t/P_{t-1}	$ASSETL_t$
R_t	相关系数	1	0.004	−0.022	0.000	−0.083**
	显著性(双尾)		0.866	0.377	0.991	0.001
	样本量	1629	1629	1629	1629	1629
EPS_t/P_{t-1}	相关系数	0.246**	1	0.065**	0.980**	0.046
	显著性(双尾)	0.000		0.008	0.000	0.066
	样本量	1629	1629	1629	1629	1629
OCI_S_t/P_{t-1}	相关系数	−0.026	0.149**	1	0.261**	−0.012
	显著性(双尾)	0.296	0.000		0.000	0.623
	样本量	1629	1629	1629	1629	1629
CI_S_t/P_{t-1}	相关系数	0.240**	0.935**	0.345**	1	0.042
	显著性(双尾)	0.000	0.000	0.000		0.093
	样本量	1629	1629	1629	1629	1629
$ASSETL_t$	相关系数	−0.024	0.316**	0.178**	0.315**	1
	显著性(双尾)	0.331	0.000	0.000	0.000	
	样本量	1629	1629	1629	1629	1629

**表示 0.01 水平下双尾显著;表中上三角区为 Pearson 的线性相关系数,下三角区为 Spearman 的秩相关系数。

表 4-17　HK 价格模型变量间相关系数表

		P_t	EPS_t	OCI_S_t	CI_S_t	BVE_S_t
P_t	相关系数	1	0.525**	0.394**	0.619**	0.590**
	显著性(双尾)		0.000	0.000	0.000	0.000
	样本量	1741	1741	1741	1741	1741
EPS_t	相关系数	0.738**	1	0.118**	0.896**	0.667**
	显著性(双尾)	0.000		0.000	0.000	0.000
	样本量	1741	1741	1741	1741	1741
OCI_S_t	相关系数	0.217**	0.219**	1	0.546**	0.508**
	显著性(双尾)	0.000	0.000		0.000	0.000
	样本量	1741	1741	1741	1741	1741
CI_S_t	相关系数	0.749**	0.952**	0.368**	1	0.789**
	显著性(双尾)	0.000	0.000	0.000		0.000
	样本量	1741	1741	1741	1741	1741
BVE_S_t	相关系数	0.745**	0.723**	0.345**	0.759**	1
	显著性(双尾)	0.000	0.000	0.000	0.000	
	样本量	1741	1741	1741	1741	1741

**表示 0.01 水平下双尾显著;表中上三角区为 Pearson 的线性相关系数,下三角区为 Spearman 的秩相关系数。

　　表 4-16 与表 4-17,列示了香港股票市场三类模型下各变量间(包括因变量与自变量)的相关系数。与沪市 A 股市场的结论不同,报酬模型 Pearson 相关系数出现了异常现象,无论是每股收益,还是每股其他综合收益、综合收益,均与每股报酬无显著相关关系。价格模型的各变量相关系数仍然显著相关。资产规模与股价、报酬率也存在显著相关关系,且相关性为负,与已有研究假设相符。

2. 实证结果与分析

表4-18　HK 报酬模型回归结果

变量	模型 1			模型 2			模型 5		
	系数	t 值	Sig.	系数	t 值	Sig.	系数	t 值	Sig.
Int	2.093	12.359	0.000	2.090	12.349	0.000	2.101	12.395	0.000
EPS_t/P_{t-1}	0.007	0.455	0.649				0.008	0.527	0.598
OCI_S_t/P_{t-1}							-0.079	-1.100	0.272
CI_S_t/P_{t-1}				0.003	0.229	0.819			
$ASSETL_t$	-0.112	-2.945	0.003	-0.111	-2.934	0.003	-0.112	-2.961	0.003
$YEAR_{2010}$	-1.578	-9.769	0.000	-1.578	-9.766	0.000	-1.581	-9.783	0.000
$F\text{-}value$	35.831**			35.776**			27.179**		
$Adj\ R^2$	0.060			0.060			0.060		

**表示0.01水平下双尾显著。

表4-19　HK 价格模型回归结果

变量	模型 3			模型 4			模型 6		
	系数	t 值	Sig.	系数	t 值	Sig.	系数	t 值	Sig.
Int	2.897	7.106	0.000	3.094	7.776	0.000	3.110	7.824	0.000
EPS_t	2.521	9.345	0.000				3.470	12.405	0.000
OCI_S_t							4.500	9.860	0.000
CI_S_t				3.648	13.549	0.000			
BVE_S_t	0.615	17.048	0.000	0.383	8.976	0.000	0.369	8.543	0.000
$YEAR_{2010}$	-0.021	-0.039	0.969	-0.117	-0.219	0.827	-0.091	-0.171	0.864
$F\text{-}value$	354.553**			403.807**			304.946**		
$Adj\ R^2$	0.379			0.410			0.411		

**表示0.01水平下双尾显著。

109

表4－18与表4－19，分别列示了港股上市公司2009—2010年报酬模型与价格模型的回归结果。与各变量相关性统计描述结论一致，报酬模型中，模型1、模型2以及模型5中每股收益、每股综合收益和每股其他综合收益的回归系数均不显著。其中，模型1中每股收益回归系数为0.007，模型2中每股综合收益回归系数为0.003，模型5中每股收益和每股其他综合收益回归系数分别为0.008和-0.079。

不过与报酬模型不同，价格模型中各变量的回归系数在0.01水平上显著。模型4（每股综合收益）调整后 R^2 （0.410），高于模型3（每股收益）整体回归调整后 R^2 （0.379），每股综合收益的回归系数为3.648，也高于每股收益的回归系数2.521。同时，从模型6的结果看，在每股收益基础上增加每股其他综合收益变量，方程整体调整后 R^2 为0.411，拟合优度高于模型3和模型4，且每股其他综合收益的回归系数为4.5，在0.01水平上显著。

4.4.3 研究结论

从上述报酬模型、价格模型的实证检验结果可得出如下结论：

1. 报酬模型下，香港股票市场上市公司2009—2010年的净利润、综合收益、其他综合收益与股票报酬均不存在相关关系。

2. 从价格模型结果看，港股上市公司的综合收益价值相关性高于净利润价值相关性，在净利润指标基础上增加其他综合收益指标，能够产生增量信息。

由此可见，报酬模型与价格模型产生了完全不同的两个结论，这与1968年 Ball & Brown 创建实证研究方法以来，理论界对会计信息价值含量的结论也是不相符的。对于这种现象，笔者认为可能是 2008 年国际金融危机影响所致。我国内地经济在国际金融危机中整体并未受到太大影响，尤其是资本市场，并未因国际金融危机产生较大波动。但美国、香港地区等资本市场所受影响较大。由于报酬模型中的因变量 R_t 定义为报告日前 9 个月至报告日后 3 个月的累计报酬率，因此，R_{2009} 的取值是从 2009 年 4 月开始的。这段时间仍然处于国际金融危机影响范围内，在这一时期，上市公司会计盈余信息在投资者对公司价值判断过程中的作用有限，其可能更多的基于对未来的预期。价格模型中，因变量 P_t 的定义为次年 3 月最后一个交易日收盘价，即分别为 2010 年和 2011 年 3 月最后一个交易日收盘价。而这一期间，国际金融危机的影响已逐渐削弱，报酬模型的结论更加支持研究假设。

因此，从实证结果可见，在香港地区，综合收益价值相关性要优于净利润，相对于净利润，其他综合收益具有增量信息含量。

当然，这一结论存在一定的推断因素，如果确实如此，那么对于同受国际金融危机影响的其他发达国家或地区，也应该得出类似结论。为此，本章下一节将首先以纽约股票市场同期（2009—2010 年）数据为对象进行再次检验。

4.5　基于纽约股票市场综合收益价值相关性的实证研究

4.5.1　数据与样本

为便于数据可比，本书先以 2009 年、2010 年纽约证券交易所上市公司为样本，数据主要来源于 Bloomberg 数据库。

　　本书初选样本为 2009 年和 2010 年纽约证券交易所的所有上市公司，同时收集了 2009 年至 2011 年个股每年 3 月最后一个交易日收盘价，2009 年 4 月至 2011 年 3 月个股月度回报率、市场月度回报率（AMEX 综合指数，XAX），2009 年和 2010 年每股收益、其他综合收益、综合收益、发行在外加权平均股数、总资产、每股净资产等指标，选择会计年度为 1 月 1 日至 12 月 31 日，剔除数据缺失和极端值后，最后得到样本为：（1）报酬模型中，2009 年 1147 家，2010 年 1185 家；（2）价格模型中，2009 年 1171 家，2010 年 1210 家。

4.5.2　实证检验与分析

1. 简单统计分析

表 4 - 20　NY2009—2010 报酬模型变量描述性统计值

	样本量	最小值	最大值	均值	标准差
R_t	2332	-0.9248	34.5294	0.6406	1.6580
EPS_t/P_{t-1}	2332	-9.8500	2.4444	-0.1115	0.6049
OCI_S_t/P_{t-1}	2332	-1.1425	4.0167	0.0142	0.1298
CI_S_t/P_{t-1}	2332	-8.5940	2.6571	-0.0973	0.5926
$ASSETL_t$	2332	-3.7980	7.6271	1.2911	1.9252

表 4 - 21　NY2009—2010 价格模型变量描述性统计值

	样本量	最小值	最大值	均值	标准差
P_t	2381	0.1803	4078.5942	21.6962	105.2649

	样本量	最小值	最大值	均值	标准差
EPS_t	2381	-1087.6800	231.6900	-0.6704	31.4396
OCI_S_t	2381	-22.8800	246.5900	0.2679	5.3626
CI_S_t	2381	-1044.0000	246.5900	-0.4026	31.5564
BVE_S_t	2381	-1198.5682	13054.9210	19.1052	288.0278

表 4-20 与表 4-21，分别列示了纽约证券交易所上市公司2009—2010 年报酬模型、价格模型中各变量的描述性统计值。2009—2010 年纽约上市公司累计报酬率均值为 64.06%，最小值为-92.48%，最大值为 3452.94%，波动幅度高达 165.80%，远高于同期沪市 A 股市场对应指标，与同期香港股市对应指标较为接近。

表 4-22　NY2009—2010 报酬模型变量间相关系数表

		R_t	EPS_t/P_{t-1}	OCI_S_t/P_{t-1}	CI_S_t/P_{t-1}	$ASSETL_t$
R_t	相关系数	1	-0.124**	0.105**	-0.104**	-0.082**
	显著性(双尾)		0.000	0.000	0.000	0.000
	样本量	2332	2332	2332	2332	2332
EPS_t/P_{t-1}	相关系数	0.111**	1	-0.201**	0.977**	0.094**
	显著性(双尾)	0.000		0.000	0.000	0.000
	样本量	2332	2332	2332	2332	2332
OCI_S_t/P_{t-1}	相关系数	0.092**	0.210**	1	0.014	0.022
	显著性(双尾)	0.000	0.000		0.502	0.299
	样本量	2332	2332	2332	2332	2332
CI_S_t/P_{t-1}	相关系数	0.114**	0.964**	0.348**	1	0.100**
	显著性(双尾)	0.000	0.000	0.000		0.000
	样本量	2332	2332	2332	2332	2332

续表

		R_t	EPS_t/P_{t-1}	OCI_S_t/P_{t-1}	CI_S_t/P_{t-1}	$ASSETL_t$
$ASSETL_t$	相关系数	-0.069**	0.241**	0.140**	0.255**	1
	显著性(双尾)	0.001	0.000	0.000	0.000	
	样本量	2332	2332	2332	2332	2332

**表示在0.01水平下双尾显著;表中上三角区为Pearson的线性相关系数,下三角区为Spearman的秩相关系数。

表4-23 NY2009—2010价格模型变量间相关系数表

		P_t	EPS_t	OCI_S_t	CI_S_t	BVE_S_t
P_t	相关系数	1	0.091**	-0.008	0.089**	0.803**
	显著性(双尾)		0.000	0.694	0.000	0.000
	样本量	2381	2381	2381	2381	2381
EPS_t	相关系数	0.567**	1	-0.063**	0.986**	0.028
	显著性(双尾)	0.000		0.002	0.000	0.175
	样本量	2381	2381	2381	2381	2381
OCI_S_t	相关系数	0.231**	0.253**	1	0.107**	0.215**
	显著性(双尾)	0.000	0.000		0.000	0.000
	样本量	2381	2381	2381	2381	2381
CI_S_t	相关系数	0.563**	0.974**	0.371**	1	0.064**
	显著性(双尾)	0.000	0.000	0.000		0.002
	样本量	2381	2381	2381	2381	2381
BVE_S_t	相关系数	0.653**	0.467**	0.227**	0.475**	1
	显著性(双尾)	0.000	0.000	0.000	0.000	
	样本量	2381	2381	2381	2381	2381

**表示0.01水平下双尾显著;表中上三角区为Pearson的线性相关系数,下三角区为Spearman的秩相关系数。

表4－22 与表4－23，列示了纽约证券交易所上市公司2009—2010年报酬模型、价格模型各变量统计性描述和相关关系。报酬模型变量间相关系数也出现了异常现象。每股收益、每股综合收益等变量的系数与每股报酬呈现了显著负相关关系，这一结果表明，会计收益越高，股票报酬越低，显然与正常逻辑不相符。虽然这一现象与香港上市公司的现象不完全一样，但也体现了会计收益信息不能反映公司价值，初步印证了笔者的推断，即在国际金融危机期间，会计收益对投资者价值判断的影响作用有限。

2. 实证结果及分析

表4－24　NY2009—2010 报酬模型回归结果

变量	模型 1			模型 2			模型 5		
	系数	t 值	Sig.	系数	t 值	Sig.	系数	t 值	Sig.
Int	1.106	20.814	0.000	1.121	21.155	0.000	1.094	20.582	0.000
EPS_t/P_{t-1}	-0.234	-4.233	0.000				-0.195	-3.466	0.001
OCI_S_t/P_{t-1}							0.923	3.561	0.000
CI_S_t/P_{t-1}				-0.189	-3.358	0.001			
$ASSETL_t$	-0.060	-3.466	0.001	-0.061	-3.515	0.000	-0.062	-3.621	0.000
$YEAR_{2010}$	-0.816	-12.274	0.000	-0.827	-12.449	0.000	-0.802	-12.071	0.000
$F\text{-}value$	67.521 **			65.134 **			54.064 **		
$Adj\ R^2$	0.079			0.076			0.083		

**表示0.01水平下双尾显著。

表 4 - 25　NY2009—2010 价格模型回归结果

变量	模型 3			模型 4			模型 6		
	系数	t 值	Sig.	系数	t 值	Sig.	系数	t 值	Sig.
Int	14.308	7.844	0.000	14.126	7.710	0.000	15.542	8.935	0.000
EPS_t	0.229	5.648	0.000				0.187	4.812	0.000
OCI_S_t							-3.633	-15.601	0.000
CI_S_t				0.126	3.090	0.002			
BVE_S_t	0.293	66.086	0.000	0.293	65.627	0.000	0.308	71.106	0.000
$YEAR_{2010}$	3.824	1.498	0.134	3.986	1.554	0.120	2.705	1.111	0.267
$F\text{-}value$	1474.623 **			1453.595 **			1279.597 **		
$Adj\ R^2$	0.650			0.647			0.682		

**表示 0.01 水平下双尾显著。

　　表 4 - 24 与表 4 - 25，分别列示了报酬模型与价格模型的回归结果。与统计性描述结论一致，报酬回归模型中，每股收益与每股综合收益的系数均为负数，分别为 -0.234 和 -0.189，与会计收益价值相关性的一般结论相悖。不过与港股情况类似，价格模型得出了符合常规的结论，即每股收益、每股综合收益均与股票价格显著正相关。模型 6 中，其他综合收益的系数也显著相关，说明在美国股票市场，综合收益与净利润均具有价值相关性，相对于净利润，其他综合收益具有增量价值相关信息含量。

　　接下来的问题是，如果美国与香港地区股票市场 2009—2010 年的会计收益无法解释股票报酬，是因为受国际金融危机的影响，那么在未发生国际金融危机的情况下，这些市场净利润、综合收益的价值相关性又是怎样？为此，就需要以国际金融危机发生前的数据为对象进行实证检验。由于香港与内地均是在 2009

年 IFRS 发布综合收益披露准则后，才开始单独披露其他综合收益、综合收益等相关信息，而美国则从 1997 年起就开始在财务报告中单独披露综合收益，因此，下一小节将以纽约证券交易所国际金融危机前的财务报告数据为对象，进行拓展检验。

图 4 - 1 描述了 2004 年 12 月至 2010 年 12 月 31 日美国道琼斯指数走势图。图中可见，2008 年至 2009 年第一季度，道琼斯指数在国际金融危机中确实经历了急剧下降的历程，可能正是这种变化及其后续的影响导致出现了上述实证检验的结果。

—— 指数收盘价

图 4 - 1　美国道琼斯指数走势图

4.5.3　拓展检验

正如图 4 - 1 显示，国际金融危机对资本市场的影响是从 2007 年年末才开始的。为排除国际金融危机影响因素，同时考虑数据处理量问题，本书选取 2005 年至 2007 年纽约证券交易所上市公司作为样本，进行拓展性检验。数据主要来源于 Bloomberg 数据库。

本书初选样本为 2005 年至 2007 年纽约证券交易所的所有上市公司，同时收集了 2005 年至 2008 年个股每年 3 月最后一个交易日收盘价，2005 年 4 月至 2008 年 3 月个股月度回报率、市场月度回报率（AMEX 综合指数，XAX），2005 年至 2007 年每股收益、其他综合收益、综合收益、发行在外加权平均股数、总资产、每股净资产等指标，选择会计年度为 1 月 1 日至 12 月 31 日，剔除数据缺失和极端值后，最后得到样本为：（1）报酬模型中，2005 年 949 家，2006 年 1021 家，2007 年 1067 家；（2）价格模型中，2005 年 1011 家，2006 年 1055 家，2007 年 1139 家；（3）增量报酬模型中，2006 年 919 家，2007 年 983 家。

1. 简单统计分析

表 4 - 26　NY2005—2007 报酬模型变量描述性统计值

	样本量	最小值	最大值	均值	标准差
R_t	3037	-0.7612	1.0263	0.0651	0.4268
EPS_t/P_{t-1}	3037	-0.3239	0.1245	0.0036	0.1017
OCI_S_t/P_{t-1}	3037	-0.0355	0.0285	0.0019	0.0108
CI_S_t/P_{t-1}	3037	-0.3405	0.1377	0.0052	0.1057
$ASSETL_t$	3037	-6.3476	7.3496	1.1474	1.9272

表 4 - 27　NY2005—2007 价格模型变量描述性统计值

	样本量	最小值	最大值	均值	标准差
P_t	3205	1.2415	52.4540	19.1752	14.4526
EPS_t	3205	-3.2900	3.1600	0.4978	1.4472
OCI_S_t	3205	-0.7055	0.5460	0.0334	0.2230

	样本量	最小值	最大值	均值	标准差
CI_S_t	3205	-3.6103	3.3104	0.5227	1.5199
BVE_S_t	3205	0.1520	28.1759	8.5022	7.6856

表 4 - 28　NY2005—2007 增量报酬模型变量描述性统计值

变量	样本量	最小值	最大值	均值	标准差
AR_t	1902	-0.7002	1.2568	-0.1275	0.3954
EPS_t/P_{t-1}	1902	-0.5053	0.1580	0.0043	0.1096
$\Delta EPS_t/P_{t-1}$	1902	-0.4380	0.4215	0.0002	0.1111
OCI_S_t/P_{t-1}	1902	-0.0275	0.0476	0.0049	0.0115
$\Delta OCI\_S_t/P_{t-1}$	1902	-0.0673	0.0683	0.0038	0.0182
CI_S_t/P_{t-1}	1902	-0.5229	0.1814	0.0090	0.1139
$\Delta OCI\_S_t/P_{t-1}$	1902	-0.4674	0.4384	0.0036	0.1171
$ASSETL_t$	1902	-1.7788	4.4823	1.2573	1.7561

表 4 - 26 至表 4 - 28，分别列示了纽约证券交易所上市公司2005—2007 年报酬模型、价格模型及增量报酬模型中各变量的描述性统计值。2005—2007 年纽约上市公司年度累计报酬率均值为 6.51%，最小值为-76.12%，最大值为 102.63%，波动幅度为 42.68%，远低于 2009—2010 年对应指标，与沪市 A 股2009—2010 年波动率水平相当。

表4-29　NY2005—2007 报酬模型变量间相关系数表

		R_t	EPS_t/P_{t-1}	OCI_S_t/P_{t-1}	CI_S_t/P_{t-1}	$ASSETL_t$
R_t	相关系数	1	0.121**	−0.003	0.117**	−0.046*
	显著性(双尾)		0.000	0.861	0.000	0.011
	样本量	3037	3037	3037	3037	3037
EPS_t/P_{t-1}	相关系数	0.251**	1	0.067**	0.979**	0.358**
	显著性(双尾)	0.000		0.000	0.000	0.000
	样本量	3037	3037	3037	3037	3037
OCI_S_t/P_{t-1}	相关系数	−0.006	0.205**	1	0.205**	−0.010
	显著性(双尾)	0.743	0.000		0.000	0.571
	样本量	3037	3037	3037	3037	3037
CI_S_t/P_{t-1}	相关系数	0.235**	0.967**	0.363**	1	0.348**
	显著性(双尾)	0.000	0.000	0.000		0.000
	样本量	3037	3037	3037	3037	3037
$ASSETL_t$	相关系数	0.015	0.376**	0.074**	0.365**	1
	显著性(双尾)	0.415	0.000	0.000	0.000	
	样本量	3037	3037	3037	3037	3037

**表示在 0.01 水平下双尾显著;表中上三角区为 Pearson 的线性相关系数,下三角区为 Spearman 的秩相关系数。

表4-30　NY2005—2007 价格模型变量间相关系数表

		P_t	EPS_t	OCI_S_t	CI_S_t	BVE_S_t
P_t	相关系数	1	0.443**	0.104**	0.435**	0.657**
	显著性(双尾)		0.000	0.000	0.000	0.000
	样本量	3205	3205	3205	3205	3205
EPS_t	相关系数	0.581**	1	0.084**	0.970**	0.509**
	显著性(双尾)	0.000		0.000	0.000	0.000
	样本量	3205	3205	3205	3205	3205

续表

		P_t	EPS_t	OCI_S_t	CI_S_t	BVE_S_t
OCI_S_t	相关系数	0.229**	0.260**	1	0.244**	0.075**
	显著性(双尾)	0.000	0.000		0.000	0.000
	样本量	3205	3205	3205	3205	3205
CI_S_t	相关系数	0.575**	0.972**	0.383**	1	0.493**
	显著性(双尾)	0.000	0.000	0.000		0.000
	样本量	3205	3205	3205	3205	3205
BVE_S_t	相关系数	0.689**	0.634**	0.235**	0.627**	1
	显著性(双尾)	0.000	0.000	0.000	0.000	
	样本量	3205	3205	3205	3205	3205

**表示在 0.01 水平下双尾显著;表中上三角区为 Pearson 的线性相关系数,下三角区为 Spearman 的秩相关系数。

表 4‐31 NY2005—2007 增量报酬模型变量间相关系数表

		AR_t	EPS_t $/P_{t-1}$	ΔEPS_t $/P_{t-1}$	OCI_S_t $/P_{t-1}$	ΔOCI_S_t $/P_{t-1}$	CI_S_t $/P_{t-1}$	ΔCI_S_t $/P_{t-1}$	$ASSETL_t$
AR_t	相关系数	1	0.147**	0.151**	0.087**	0.073**	0.147**	0.147**	-0.043
	显著性(双尾)		0.000	0.000	0.000	0.001	0.000	0.000	0.060
	样本量	1902	1902	1902	1902	1902	1902	1902	1902
EPS_t/P_{t-1}	相关系数	0.309**	1	0.355**	0.045*	0.019	0.980**	0.331**	0.336**
	显著性(双尾)	0.000		0.000	0.049	0.416	0.000	0.000	0.000
	样本量	1902	1902	1902	1902	1902	1902	1902	1902
ΔEPS_t $/P_{t-1}$	相关系数	0.234**	0.253**	1	-0.010	0.033	0.349**	0.940**	-0.038
	显著性(双尾)	0.000	0.000		0.655	0.146	0.000	0.000	0.097
	样本量	1902	1902	1902	1902	1902	1902	1902	1902
OCI_S_t $/P_{t-1}$	相关系数	0.129**	0.313**	0.066**	1	0.629**	0.177**	0.132**	0.099**
	显著性(双尾)	0.000	0.000	0.004		0.000	0.000	0.000	0.000
	样本量	1902	1902	1902	1902	1902	1902	1902	1902

续表

		AR_t	EPS_t/P_{t-1}	ΔEPS_t/P_{t-1}	OCI_S_t/P_{t-1}	ΔOCI_S_t/P_{t-1}	CI_S_t/P_{t-1}	ΔCI_S_t/P_{t-1}	$ASSETL_t$
ΔOCI_S_t/P_{t-1}	相关系数	0.117**	0.187**	0.107**	0.607**	1	0.120**	0.253**	0.113**
	显著性(双尾)	0.000	0.000	0.000	0.000		0.000	0.000	0.000
	样本量	1902	1902	1902	1902	1902	1902	1902	1902
CI_S_t/P_{t-1}	相关系数	0.310**	0.971**	0.252**	0.443**	0.272**	1	0.372**	0.334**
	显著性(双尾)	0.000	0.000	0.000	0.000	0.000		0.000	0.000
	样本量	1902	1902	1902	1902	1902	1902	1902	1902
ΔCI_S_t/P_{t-1}	相关系数	0.244**	0.264**	0.929**	0.205**	0.334**	0.303**	1	-0.014
	显著性(双尾)	0.000	0.000	0.000	0.000	0.000	0.000		0.531
	样本量	1902	1902	1902	1902	1902	1902	1902	1902
$ASSETL_t$	相关系数	0.031	0.368**	-0.037	0.226**	0.204**	0.371**	0.006	1
	显著性(双尾)	0.179	0.000	0.109	0.000	0.000	0.000	0.784	
	样本量	1902	1902	1902	1902	1902	1902	1902	1902

**表示在 0.01 水平下双尾显著；表中上三角区为 Pearson 的线性相关系数，下三角区为 Spearman 的秩相关系数。

表 4 - 26 至表 4 - 31，列示了纽约证券交易所上市公司 2005—2007 年报酬模型、价格模型、增量报酬模型中各变量间相关系数。从表 4 - 29 可见，与笔者推断相一致，报酬模型下每股收益、每股综合收益与每股报酬存在显著正相关关系。价格模型与增量价格模型下的变量相关关系同报酬模型总体一致。

2. 实证结果及分析

表4-32　NY2005—2007 报酬模型回归结果

变量	模型 1			模型 2			模型 5		
	系数	t 值	Sig.	系数	t 值	Sig.	系数	t 值	Sig.
Int	0.299	22.687	0.000	0.301	22.846	0.000	0.307	23.270	0.000
EPS_t/P_{t-1}	0.626	8.448	0.000				0.594	8.028	0.000
OCI_S_t/P_{t-1}							3.626	5.368	0.000
CI_S_t/P_{t-1}				0.627	8.828	0.000			
$ASSETL_t$	-0.017	-4.468	0.000	-0.018	-4.516	0.000	-0.016	-4.199	0.000
$YEAR_{2006}$	-0.214	-12.236	0.000	-0.219	-12.512	0.000	-0.237	-13.218	0.000
$YEAR_{2007}$	-0.410	-23.607	0.000	-0.414	-23.949	0.000	-0.435	-24.358	0.000
$F\text{-}value$	162.097**			164.043**			136.631**		
$Adj\ R^2$	0.175			0.177			0.183		

**表示 0.01 水平下双尾显著。

表4-33　NY2005—2007 价格模型回归结果

变量	模型 3			模型 4			模型 6		
	系数	t 值	Sig.	系数	t 值	Sig.	系数	t 值	Sig.
Int	10.716	27.642	0.000	10.826	27.882	0.000	11.100	28.378	0.000
EPS_t	1.407	9.378	0.000				1.352	9.045	0.000
OCI_S_t							5.143	5.876	0.000
CI_S_t				1.389	9.843	0.000			
BVE_S_t	1.115	39.428	0.000	1.115	39.952	0.000	1.111	39.480	0.000
$YEAR_{2006}$	-0.588	-1.263	0.207	-0.794	-1.707	0.088	-1.310	-2.375	0.006
$YEAR_{2007}$	-4.310	-9.418	0.000	-4.500	-9.850	0.000	-5.033	-10.637	0.000

续表

变量	模型 3			模型 4			模型 6		
	系数	t 值	Sig.	系数	t 值	Sig.	系数	t 值	Sig.
F-value	697.726**			701.798**			570.936**		
Adj R^2	0.465			0.467			0.471		

**表示0.01水平下双尾显著。

表4-34　NY2005—2007 增量报酬模型回归结果

变量	模型 7			模型 8			模型 9		
	系数	t 值	Sig.	系数	t 值	Sig.	系数	t 值	Sig.
Int	-0.060	-4.237	0.000	-0.064	-4.481	0.000	-0.073	-4.998	0.000
EPS_t/P_{t-1}	0.501	5.381	0.000				0.494	5.314	0.000
$\Delta EPS_t/P_{t-1}$	0.331	3.826	0.000				0.335	3.883	0.000
OCI_S_t/P_{t-1}							3.252	3.249	0.001
$\Delta OCI\_S_t/P_{t-1}$							-0.21	-0.033	0.974
CI_S_t/P_{t-1}				0.492	5.475	0.000			
$\Delta CI\_S_t/P_{t-1}$				0.280	3.383	0.001			
$ASSETL_t$	-0.019	-3.439	0.001	-0.019	-3.583	0.000	-0.021	-3.775	0.000
$YEAR_{2007}$	-0.089	-5.019	0.000	-0.087	-4.867	0.000	-0.091	-5.012	0.000
F-value	26.027**			25.109**			20.448**		
Adj R^2	0.050			0.048			0.058		

**表示0.01水平下双尾显著。

从上述模型实证回归结果看，报酬模型、价格模型和增量报酬模型的结论是一致的，并且与2009—2010年价格模型的结论也是相同的。且从报酬模型与价格模型来看，每股综合收益模型

的调整后 R^2 略微大于每股收益模型的调整后 R^2，方程中自变量回归系数均在 0.01 水平上显著。在每股收益基础上增加每股其他综合收益后，方程整体拟合优度均有所改善，且每股其他综合收益回归系数也在 0.01 水平上显著。

4.5.4 研究结论

对纽约证券交易所的实证检验可得出如下结论：

1. 与香港股市情况类似，2009—2010 年样本数据的报酬模型中，每股收益、每股综合收益与每股报酬呈负相关关系。这种非正常现象可能是国际金融危机影响的结果。即在国际金融危机环境下，会计收益不再对投资者的价值判断产生影响。投资者进行投资决策时，可能更为关注公司的未来。

2. 排除国际金融危机的影响，美国股票市场中，其他综合收益具有显著增量价值相关信息，综合收益价值相关性略微高于净利润价值相关性。这说明，美国资本市场上，综合收益、其他综合收益指标已被财务报告使用者所接受，单独披露综合收益信息能够提供财务报告使用者所需信息，符合财务报告决策有用性目标。

4.6 本章小结

本章对综合收益价值相关性进行了实证检验。首先对国内外相关文献进行了综述研究。通过文献综述，对该研究领域已有研究模型进行了梳理，对美国、英国、欧盟及国内已有研究结论进行了分析、总结。

在文献研究基础上，本章进行了三方面的实证研究：（1）以我国沪市 A 股市场 2009—2010 年上市公司为研究样本，检验了按照《企业会计准则解释第 3 号》要求单独披露的综合收益、其他综合收益指标的价值相关性，并将其与净利润的价值相关性进行比较。（2）作为比较研究，本章分别以香港、纽约股票交易所上市公司为研究对象，研究了同一时期内这两个资本市场综合收益、净利润、其他综合收益的价值相关性。（3）为排除国际金融危机的影响，本章还以纽约股票交易所上市公司为对象，将研究期间向前进行了拓展。

实证结果表明，我国综合收益的价值相关性要远弱于净利润的价值相关性，其他综合收益相对于净利润而言，不具有增量价值相关性信息；在美国及香港地区，综合收益价值相关性高于或几乎等于净利润价值相关性，其他综合收益相对于净利润，具有增量价值信息含量。这一结论说明，在美国、香港地区，执行综合收益相关披露准则，能够为财务报告使用者提供其所需的信息，符合财务报告决策有用性目标；在我国，综合收益尚未被财务报告使用者所接受和使用，执行相关准则更多的是增加财务报告编制成本，而不能产生增量效益。

"凡是从来没有被当作问题的，都是丝毫没有经过证明的。"① 本章的实证结果表明，将综合收益引入我国，并没有理所当然地增加决策有用性。相反，其实施效果与我们的想象存在很大差距，其背后原因值得探讨。

---

① ［法］狄德罗著：《哲学思想录》，江天骥、陈修斋、王太庆译，载于《狄德罗哲学选集》，商务印书馆 2009 年版，第 19 页。

5

综合收益价值相关性
国别差异的原因分析

不要随波逐流。每一举措，须要合乎公理，每一印象，须要求其正确。①

——玛克斯·奥勒留

综合收益价值相关性在不同的国家和地区存在差异，主要原因在于会计所处的外部环境不同，政治法律制度、经济发展差异、股权结构和公司治理结构、文化环境以及会计职业力量等都会在不同程度上影响到会计准则的实施效果。不同的会计环境决定了相同的会计准则在不同的国家和地区会产生不同的执行效果，综合收益的实施效果当然也不例外。

本章基于对企业管理者、机构投资者和审计师的问卷调查，

---

① [古罗马] 玛克斯·奥勒留著：《沉思录》，梁实秋译，凤凰传媒集团 2009 年版，第 67 页。

了解我国会计实务中综合收益的认知程度、使用情况、受关注程度以及对决策的支撑作用，判断不同领域的专业人员对综合收益的感知程度和使用行为差异，并对比美国已有的实验研究结论，进一步验证综合收益的实证研究结果。同时，将综合收益价值相关性、各国会计环境差异、综合收益问卷调查相结合，分析我国综合收益不具有价值相关性的具体原因，为后续的会计准则趋同对策研究提供基础。

5.1　各国会计环境差异影响

综合收益价值相关性的国别差异，是会计准则国际趋同过程中的一个必然现象，这一现象的背后，反映了不同国家和地区在会计环境方面存在着差异。本节对各国会计环境差异进行研究，不仅仅为了解释综合收益价值相关性的国别差异，更重要的是研究分析会计环境差异对会计准则国际趋同这一整体策略的影响。

不同的学者从不同的角度对各国的会计环境差异进行了归纳和分析。Mueller 发现构成各国会计环境差异的主要是四个要素：经济发展状况、经营复杂性状况、政治游说的情况、对特定法律制度的依赖。① 克里斯托弗·诺比斯和罗伯特·帕克将国际差异归结为以下原因：外部环境和文化、法律体系、资金提供者、税

---

① 转引自［美］艾哈迈德·R.贝克奥伊著：《会计理论》（第四版），钱逢胜等译，上海财经大学出版社 2004 年版，第 492 页。

收、职业界、通货膨胀、理论、偶然性。① 沙拉克·M.萨达甘伦提出 10 种可能影响各国会计发展的环境因素，包括资本市场类型、报告体系类型、商业实体类型、法律制度类型、执行实施水平、通货膨胀程度、与别国的政治及经济联系、会计职业地位、概念结构是否存在、会计教育质量。② 葛家澍、林志军认为，影响国际会计协调的主要因素包括：经济发展因素、社会文化因素、法律体系因素。③ 本书将会计环境差异归结于以下几个方面：

5.1.1　政治法律制度

政治法律制度通过很多途径影响会计准则和会计信息质量。

第一，政治干预会影响到会计准则的制定。本书第 2 章会计准则性质部分已提到，会计准则的制定过程是一个政治过程，是不同利益相关者博弈的结果，财务报告的提供者和使用者，如税收机构、银行、股东、管理者和工会等，都会对会计准则制定产生影响。FASB 在会计准则制定过程中受外界干预的案例屡见不鲜，IASB 也不例外。2001 年，IASC 进行了改组，成立了 IASB，以增强独立性，减少政治力量对会计准则制定的影响，但 IASB 仍然面临着来自于全球的巨大政治压力。金融工具会计准则 IAS 39 的修订过程就深刻地反映了这种政治干预。IAS 39 的修订，

① ［英］克里斯托弗·诺比斯、罗伯特·帕克著：《比较国际会计》（第六版），潘琰主译，东北财经大学出版社 2002 年版，第 16—27 页。
② ［美］沙拉克·M.萨达甘伦著：《国际会计使用者视角》（第 2 版），伍利娜、王珂主译，北京大学出版社 2006 年版，第 12 页。
③ 葛家澍、林志军著：《现代西方会计理论》，厦门大学出版社 2002 年版，第 362 页。

曾遭到欧盟的强烈反对（Armstrong et al., 2007 和 Whittington，2005）。其中，反对最强烈的当属时任法国总统希拉克和相应的银行业人士。IAS 39 规定，企业必须报告其所持金融工具的公允价值。银行界担心这将增加资产负债表和损益表的波动程度，进而影响到监管当局和市场对金融机构稳定性的看法。在 IAS 39 的修订历程中，希拉克总统站在法国银行业的一边，表示了他对该准则的担心。最后，IAS 39 进行了修改，允许对银行的核心存款采用套期会计，这在美国 GAAP 和修改之前的 IAS 39 中都是禁止的。

第二，法律制度也会影响到会计准则。英美法系是以英国普通法为基础，在 11、12 世纪，随着国家权力日益集中于国王手中，形成集中控制的司法法庭系统后，在英国产生并发展起来的。法官判案时主要参照之前类似诉讼形成的法律判例。自从二十世纪开始，尤其是从 20 世纪 30 年代起，大量的成文法在以英美为代表的英美法系国家相继制定，然而英美法系国家仍然是以遵循先例作为审判模式，成文法的制定仍须遵循判例所形成的原则，美国大法官霍姆斯就英美法的发展曾作出"法律的生命在于经验，而不在于逻辑"的精辟论断，英美法系发展过程中的特点在会计准则制定过程中也得到了反映。制定会计准则的权力源于投资者的信息需求，而非政府的需求，英美法系国家的会计准则大多都由私营组织，比如美国由 FASB 制定。会计准则制定者的目标是满足投资者对信息的需求。而大陆法系国家的法律（如法国、德国法律）在发展过程中受到政府的影响，包括法律法规的制定和解释。这些国家的会计准则是商法的一部分，因此，主要受到政府优先权的影响。不同于英美法系国家提供信息的角色，大陆法系国家中政治对会计准则制定的影响，使得会计成为各方分配利益的手段，政府通过税收获利，股东获得红利，银行得到利息，工会则得到了工资和奖金（Ball et al., 2000）。例如，根据德国公认会计准则，德国监事会应当首先决定红利，然后报告利润，对于未分配利润，要缴纳额外的税款；且德国法院认为，没有正当理由的低红利、高利润是不谨慎的（Ball，2001；Leuz 和 Wustemann，2003）。Ball et al.（2000）发现，大陆法系国家的盈余信息对经济利润的反映不如红利信息及时。就本书谈到的综合收益而言，相关 IFRS 的规定被引入中国时，实际上也受到了法律法规的限制，如在报表名称和列示方式的选择上，主要是考虑与《公司法》等法律的衔接。

第三，政治法律制度还可以通过强制执行会计准则以及起诉企业管理者和审计师而直接影响会计信息质量。La Porta et al.（1998）发现，英美法系国家的法律强制力更高。国际会计研究中发现，英美法系国家和股东权利保护较好的国家，会计信息质量更高。Hung（2001）发现，在股东权利保护较好的国家，权责发生制会计比现金基础会计的价值相关性更高；在股东权利保护程度较弱的国家，权责发生制会计降低了财务报表的价值相关性。

第四，税收制度安排直接影响到会计信息质量。（1）在会计收入与课税收入联系紧密的国家，会计盈余信息真实反映企业经营成果的可能性较低。会计准则与税法的密切联系也降低了会计准则的质量，因为它们都通过为政府收缴税款等方式服务于政治目的。（2）较高的税率使得公司有降低课税收入的动力。即使在账务、税务的一致性要求较低的国家（比如美国），课税收入与会计收入仍然联系在一起。因此，高税率会增强在财务报告中隐藏利润的动机。Burgstahler et al.（2007）发现，处于较高的账务、税务一致程度和较高税率国家中的欧洲公司，盈余管理更多。（3）国家税务当局具有核实企业利润的法定权利。不同于股东，税务当局不存在搭便车问题，因为除了政府，课税并没有其他的受益人。Haw et al.（2004）发现，一个国家的纳税依从度和较低的盈余管理相联系，因此在约束盈余管理上，比司法体系有效。

5.1.2 经济发展差异

经济发展差异主要指市场化程度的差异。市场化程度可以影响会计信息的需求与供给，是决定会计准则的内生动力。当市场化程度较低，信息不对称，当市场参与者无法区别好公司和坏公司时，就产生了逆向选择问题。

Francis et al.（2005）发现，有对外融资需求的公司，更愿意主动披露超过最低限度规定的信息，以降低筹资成本。类似的，Huddart et al.（1999）发现，即使是对风险持中性态度的流动性交易者，也更愿意在披露程度高的市场内交易，从而激励公司在高披露的证券交易所融资，以利用流动性，降低资本成本。Burgstahler et al.（2007）研究表明，拥有大规模发达股票市场的国家，其上市公司盈余管理迹象要少于这些国家的私营公司。他们认为，这可能是由于股票市场激励公司提供信息含量高的盈余，或者是由于股票市场能够筛选出盈余信息含量低的公司。因此，市场参与者的信息需求激励公司管理者提高财务报告质量。可见，不同的经济环境，对财务报告在促进市场效率与公平方面提出了不同的要求。市场对信息披露及高质量会计信息的要求程度，为会计准则制定机构提供了不同的选择集。

市场化程度还决定了会计准则要求的确认与计量方法能否可靠地实现（进而决定了会计准则制定机构的决策）、信息是否能够可靠获取。这一点在公允价值的应用上表现得尤为突出。在市场化程度较高的环境下，各种金融工具很容易找到交易对手和报价，其公允价值就比较可靠；而对于市场化程度不高、市场健全程度不够的国家和地区，由于无法从市场中找到金融工具的公允价值，必然会限制公允价值准则的选择和应用。因此，在不同的市场环境下，即使是执行相同的公允价值计量准则要求，也会产生不同质量的会计信息。

5.1.3 股权结构及公司治理结构

"契约的本质仅在于它限定了企业家的权利范围。"① 不同的股权结构和公司治理结构，将影响财务报告编制主体的编报动机，导致执行相同会计准则得到不同质量会计信息的现象。股权较集中相比股权和控制权"两权"分离度较高的公司，披露高质量财务报告的动机往往更弱。

第一，控股股东参与管理，降低了对财务报告的需求。Ball 和 Schivakumar（2005）以及 Burgstahler et al.（2007），检验了通常由少数股东和债权人控制的欧盟私营公司的盈余质量。他们发

---

① ［美］罗纳德·哈里·科斯著：《企业、市场与法律》，盛洪、陈郁译校，上海人民出版社 1990 年版，第 39 页。

现，尽管执行相同的会计、审计准则和税务规定，私营公司的盈余质量却低于上市公司。他们认为，这主要是由于私营公司的股东很容易获得公司信息，对于高质量财务报告的需求较低所导致的。私营公司较低的盈余质量也避免了向公众泄露私有信息，这也是一个平衡的结果。

第二，控股股东有动机隐藏他们对于少数股东利益的侵蚀。金字塔形股权结构以及交叉持股，在无须大额投资股权的情况下，赋予最终所有者对公司的主导控制权。控制权和现金流权的分离，引发少数股东和控股股东之间的代理问题，增强了控股股东在财务报告中隐藏问题的动机。

第三，控股股东和公司之间存在长期利益，因此，会基于长期目标进行投资。这些长期目标最初可能会引起巨大的损失，但在未来会创造大量利润。对于这些公司而言，如果它们需要从银行融资，盈余存在较高的波动性是不利的，因此，控股股东有平滑盈余的动机。

第四，因对制度背景欠缺了解，外国投资者比国内投资者往往需要更多的信息。Kinnunen et al.（2000）以芬兰公司为样本，进行了检验。在芬兰，1984—1992 年间，外国股权和内资股权是独立交易的。他们发现，当地会计准则盈余和 IFRS 盈余对于外资股权都具有价值相关性，而对于内资股权，仅当地会计准则盈余具有价值相关性。因此，受不同企业编报动机的影响，即使所有公司都被强制要求使用 IFRS，不同国家、不同公司财务报告的结果也是大相径庭的（Ball et al., 2003; Ball and Shivakumar, 2005; Burgstahler et al., 2006; Lang et al., 2006）。

5.1.4　文化环境

会计准则的制定与选择、财务报告的生成与提供、会计信息的使用与决策，都与特定环境的人密切相关，因此，不同文化环境下人的伦理、思维和习惯，必然对会计准则的制定及其执行效果产生影响。

"制度正是由习惯产生"。① 会计准则变迁同样存在路径依赖特征。旧准则对会计实务的影响并不会随着其停止执行而立即消失，执行者的思维惯性使得旧准则体现出契约刚性，从而不可避免地影响到新准则的执行效果。Young（1996）认为，以前使用的会计处理方法会影响公司如何报告。国家特定的制度影响了财务报告的特征，影响公司如何执行会计准则。各国间的制度结构是存在差异的，制度因素对会计协调和执行性具有影响。Holthausen（2003）认为在影响 IFRS 一致应用方面，相对于人为的故意因素，不同国家的会计传统可能更为复杂。

人的有限理性，也使得人们对新会计准则的准确理解、掌握和使用需要一定时间。2007 年，跨国审计委员会（transnational auditors committee）在《有关 IFRS 全球应用的观点》（perspectives on the global polication of IFRS）中指出，不可能一夜间获得财务报告的一致性，市场参与者熟悉 IFRS 需要时间。一致性的动力通常来自同行压力和监管执行，并非以相同的方式运行的。本书对综合收益价值相关性的实证研究结果就充分说明了这一点：对

---

① ［古希腊］柏拉图著：《理想国》，郭斌和、张竹明译，商务印书馆 1986 年版，第 314 页。

别人有用并不意味着对自己有用。

文化环境的因素无法度量，但在会计准则制定和国际趋同时应予以额外的关注，尤其是对于中国这样一个具有悠久历史的国家，更应如此。"中国并非一成不变，也不是静止或毫无生气。相反，中国有不断的变化和各种千差万别的情况，但总不能脱离其文化上和制度上特有的格局"。①

5.1.5 会计职业力量

会计教育水平和会计职业力量是构成会计环境差异的重要原因。在本书的分析中，多处谈到发达国家在会计准则制定中的博弈现象。这种博弈，不仅是利益的较量，也是商业文化和会计职业力量发展的必然结果，但不同国家的会计职业力量显然存在差异。

会计职业力量直接影响到会计准则的应用水平、财务报表的编报质量，以及审计师对财务报表的验证意见等，在会计准则的制定过程中，会计职业力量同样发挥着重要的作用。来自于政府机关、企业、会计师事务所、高校和研究机构等相关人员，基于不同的立场及各自的专业背景和工作实践，对会计准则的制定、政策选择等发表各自的意见，有利于制定高质量的会计准则，保证准则更加符合实际情况，并通过广泛的博弈促进均衡状态的实现。

从各国会计准则制定的实践来看，会计职业力量的参与至关重要。在国际趋同过程中，各国都非常重视充分地表达本国的意

---

① 费孝通著：《美国与中国》，张理京译，世界知识出版社1999年版，第11页。

见，发挥本国的影响力。但不同国家的会计职业力量不可避免地
存在差别，从而会对会计准则制定和实施产生不同的影响。

在我国新企业会计准则制定过程中，曾广泛动员会计理论和
实务工作者，共同参与会计准则制定，起到了很好的效果。但各
类经济主体和会计从业人员在会计准则制定中的参与程度仍然不
高，还有很大的提升空间。本书对《企业会计准则——应用指
南》的征求意见情况进行了分析（详见表5－1）。

表5－1　《企业会计准则——应用指南》反馈意见汇总

单位类型	反馈数量	意见类型		其中：	
		偏原则性	偏具体性	涉及科目	指出勘误
政府部门	26	16	10	5	1
会计师事务所	5		5	3	
企业	17	7	10	12	2
个人	43	14	29	14	4
合计	91	37	54	34	7

从表5－1中可以发现以下几点问题：

第一，反馈意见的数量和质量有待提高。从反馈意见情况来
看，累计收到反馈意见91份。与前文介绍的FASB综合收益准则
征求意见稿收到的281份反馈意见相比，数量非常有限。在91
份反馈意见中，偏原则性意见和偏具体性意见分别为37条和54
条，各占41%和59%，说明反馈意见的针对性不强。同时，全
部91份意见中，涉及科目核算和带有勘误性质的有41条，表明

反馈意见的总体质量有待提高。

第二，不同主体反馈意见的数量和质量不均衡。如政府部门的反馈意见偏原则性的较多，一些地方财政部门的反馈意见涉及准则较少。部分国际会计师事务所的反馈意见较为详细（个别事务所涉及近 20 项会计准则），且针对性强（大都是偏具体的意见）。

第三，企业的反馈意见相对较少。作为会计准则的最主要使用者，企业的反馈意见较少，基本都属于大型企业，且特定行业，如石化、金融（尤其是保险业）反馈居多。企业作为会计准则最主要的执行主体，也是最直接的利益相关者，其反馈的意见不到整体的 20%（不含通过地方财政部门反馈的部分），与企业的实际地位明显不符。

第四，个人反馈意见占近五成，说明个人对会计准则的关注度较高，反馈意见的意愿较强，但从反馈意见的质量来看，除高校和会计师事务所的人员外，其他人员的反馈意见质量一般。然而无论如何，这是一个非常可喜的现象。

上述分析可见，会计准则仅仅是一个国家或地区产生某种经济运转结果的一个原因，其他政治、法律、经济、文化等背景都会共同作用于经济运转，导致产生不同结果。进一步来说，一个国家或地区经济的正常运转是一系列制度体制共同作用的结果，会计准则仅仅是其中的一方面。抛开经济环境中的其他因素而仅仅依凭会计准则的调整，往往达不到提高财务报告质量的目的。因此，不同的国家和地区会选择不同的会计准则，而相同的会计准则在不同国家和地区会产生不同的经济后果。

清代学者戴震曾言，"不以人蔽己，不以己蔽人"。会计外在环境的差异，要求在会计准则国际趋同过程中必须对会计环境进行深刻地洞察，并将其置于特定的经济体系内加以考察，仅会计准则本身与国际趋同，经济环境、法律体制、监管机制等维持现状，或保持国别差异，即使国际趋同本身能够提高会计准则质量，也无益于整个制度体系的改善，可能只是耗费成本而难以带来预期收益，不会产生好的经济后果。

5.2 我国综合收益问卷调查

综合收益价值相关性实证研究，在一定程度上反映了综合收益信息是否具有决策相关性。我国综合收益价值相关性实证研究结果与美国、香港等国家和地区的结果存在差异，最直接的原因，可能确实是综合收益概念及具体指标在我国尚未被接受。对此，国内已有研究作出过类似推测（程小可、龚秀丽，2008），但尚无针对实际的调查研究。为了解、证实我国财务报告的利益相关者对综合收益的实际认知情况，及综合收益相关指标对其各项决策的实际有用性，笔者对综合收益价值相关性进行了问卷调查。

5.2.1 问卷调查基本情况

1. 问卷设计概要

围绕综合收益价值相关性这一中心问题，笔者从综合收益的认知情况、关注程度、使用情况、对决策过程和结果的影响程度等几个方面设计了调查题目，并根据认知、理解和使用程度的差异设计了问卷的比较尺度量表（调查问卷的样式见附录二）。具体如下：

（1）评价受访者对综合收益的认知情况

对综合收益概念的认知，从认知途径、认知深度和使用频率等维度进行测量：a. 以前根本不知道；b. 仅从理论文献、书本、网络了解过，平时很少接触到；c. 专门学习或研究过这个概念，平时会提到，但很少使用；d. 比较熟悉这个概念，在工作中会用到它；e. 在工作中经常接触这个概念（题目1）。

（2）评价综合收益目前在实际工作中的使用情况

首先，采用定性比较的方式，在一定程度上了解受访者对综合收益、其他综合收益和利润指标的重要性认识情况。包括：a. 认为综合收益和利润指标各有利弊；b. 综合收益使用还不够广泛；c. 从业人员对综合收益的认识还不完全一致；d. 综合收益在使用中的地位还仅仅属于参考指标；e. 从业人员已经对综合收益有了深刻的理解，并形成了一致的认识（题目2、3）。

其次，从不同角度分析综合收益的实际使用情况。

①受访者在对财务状况和经营成果的分析中对于综合收益和净利润的使用情况。主要有以下几种情况：a. 只使用净利润指标；b. 会以净利润指标提供的数据为准，同时也会适当参考其他综合收益的部分项目；c. 会综合考虑净利润和其他综合收益；d. 主要使用综合收益指标。c 和 d 的区别在于，受访者在进行财务状况和经营成果分析时，是否确切地在使用综合收益，或者仅是综合考虑净利润和与综合收益相关的指标，而没有使用综合收益进行分析（题目4）。

②企业使用综合收益进行日常管理的情况。可以从预算、计划及考核等工作中使用综合收益的程度，及其与净利润重要性的对比进行分析（题目5）。

③企业在日常管理报告和报表分析中对综合收益的使用情况。根据使用程度的不同，可以从以下维度进行测量：a. 对这个指标还处在了解阶段，这个指标的数据不会反映在日常管理报告中；b. 会使用综合收益指标做一些计量和分析的辅助工作，目前的报表和报告还是以利润指标为主；c. 已经比较习惯使用综合收益指标进行计量和分析了；d. 已经很依赖综合收益这个指标了（题目6）。

（3）评价受访者对综合收益的关注程度

①综合收益的关注范围和程度，从以下维度进行测量：a. 几乎没有人关心这个指标；b. 大部分人都不怎么关注这个指标；c. 只有一小部分专业人士专注这个指标；d. 大部分专业人士都在关注这个指标；e. 大家都很重视这个指标；f. 大家都认为这是一个在分析工作中不可或缺的指标（题目7）。

②综合收益信息在公司董事会财务报表审议及投资者问答等活动中，是否会被提及以及提及的频率（题目8、9）。

③机构投资者在对被投资对象进行财务分析时对于综合收益的关注程度（题目10）。

（4）评价综合收益对决策的支持程度

①采用影响程度打分的方式，评价受访者对净利润、综合收益和其他综合收益重要性的感知状况（题目11、12、13）。

②调查综合收益对决策的影响。综合收益对决策结果的影响，需要考虑以下几个因素：a. 是否使用综合收益进行决策；b.

对使用综合收益进行决策前、后的效果是否进行有效的评估；c.
对决策的效果作评价（题目14）。

③了解审计师从审计重要程度上对其他综合收益的认识情况
（题目15）。

2. 样本选取及问卷发放

问卷设计过程中，根据各类受访者的从业性质和对综合收益
的使用情况，选择适合受访者回答的问题，对问题描述进行适当
调整，并重新组合，形成了分别针对企业管理者、机构投资者和
审计师的调查问卷。由于此次调查的问卷属于手工填写，考虑到
受访者作答的简便性和保证数据采集的质量，每个问题的答案都
设计了"不从事相关工作，无法回答"或者与之类似的选项，以
避免受访者因问题答案分类跳转错误而导致回答错误。

调查问卷主要通过电子邮件形式（其中30份为纸质形式），
选择中国内地的企业管理者、机构投资者和审计师进行了发放，
从2012年1月15日开始，到2月15日收回大部分反馈问卷止，
共发放问卷360份，收回216份。收回的问卷中，企业管理者36
份、机构投资者54份、审计师126份（"四大"审计师82份，
其他审计师44份），其中有28份为无效问卷。剔除无效问卷，
本次调查共收回有效问卷188份，有效回收率为52%，符合社会
问卷调查技术规范要求。

5.2.2 问卷调查的主要结论

1. 受访者普遍缺乏对"综合收益"概念的认识和理解

从对"综合收益"概念的认知情况来看，有57.41%（题目
1选择a、b、c选项的受访者占比）的受访者对"综合收益"不

了解、很少接触或者很少使用。其中，机构投资者中不了解、很少接触或者很少使用"综合收益"的受访者占比达到 74.07%，企业管理者中此类受访者占比为 63.89%，审计师的情况相对较好，但占比也达到了 48.42%（如图 5－1 所示）。

分别有 1 位企业管理者、19 位机构投资者、8 位审计师在接受此次调查之前，从未接触过"综合收益"的概念（如表 5－2 所示）。尤其是作为专业投资者，机构投资者受访者中竟有超过 35% 的人从未接触过"综合收益"概念，进一步说明了投资者对综合收益认知程度很低。对利润表新的"底行数字"——综合收益认知程度不高，犹如不了解净利润（利润表原来的"底行数字"）概念一样，这一点尤其值得思考。

审计师选择 d 和 e 选项的比例最高，企业管理者次之，机构投资者排在最后，说明审计师对"综合收益"概念的认知情况最好，企业管理者次之，机构投资者最差。这种排序也比较符合三类受访者各自对会计的接触程度，以及日常工作中对相关知识的使用情况（如图 5－1 所示）。

以下分析剔除了题目 1 选择 a 的受访者样本（有效样本包括企业管理者 35 位、机构投资者 35 位、审计师 118 位，总计 188 个）。

表 5－2 综合收益总体认知情况表

选项计数	A	B	C	D	E	合计
企业管理者	1	15	7	8	5	36
机构投资者	19	13	8	7	7	54
审计师	8	37	16	36	29	126
总计	28	65	31	51	41	216

	a	b	c	d	e
大陆企业管理者	2.78%	41.67%	19.44%	22.22%	13.89%
大陆机构投资者	35.19%	24.07%	14.81%	12.96%	12.96%
大陆审计师	6.35%	29.37%	12.70%	28.57%	23.02%
总计	12.96%	30.09%	14.35%	23.61%	18.98%

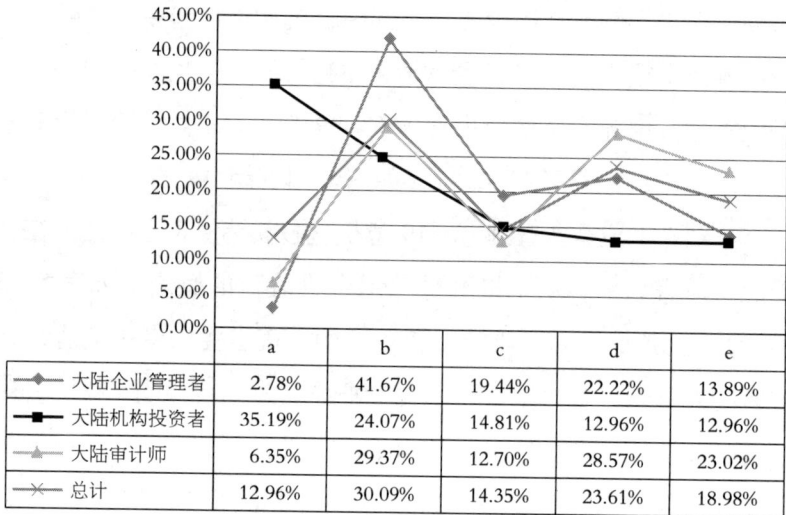

图5－1 "综合收益"总体认知情况分析

注:

题目1:请在下列选项中,选择一个最符合您对"综合收益"这个指标的认知情况的选项:(单选)

a. 我是通过问卷前面的介绍了解到的,以前不知道有这个指标;

b. 我是从理论文献、书本、网络等渠道上看到这个指标的,平时很少接触到;

c. 我专门学习或研究过这个指标,平时会提到,但很少使用;

d. 我比较熟悉这个指标,在工作中会用到它;

e. 我在工作中经常接触到这个指标。

2."综合收益"目前使用还不够广泛

受访者认为"综合收益"的重要性不及"净利润",在对企业财务状况和经营成果分析时还很少采用。在企业日常管理中主要使用"净利润","综合收益"在公司的预算、计划或考核等管理工作还很少涉及,没有成为管理目标。

(1)"综合收益"的重要性远不及"净利润"

分别有82.86%的企业管理者和74.29%的机构投资者(题目2选择c、d和e选项)认为,在当前阶段,"综合收益"的重要性不及"净利润"。其中,认为"目前使用还不够广泛"的受访者占到多数，企业管理者占48.57%，机构投资者占41.93%（剔除11.43%选择a选项"无法评价"的受访者后的占比，如图5-2所示）。

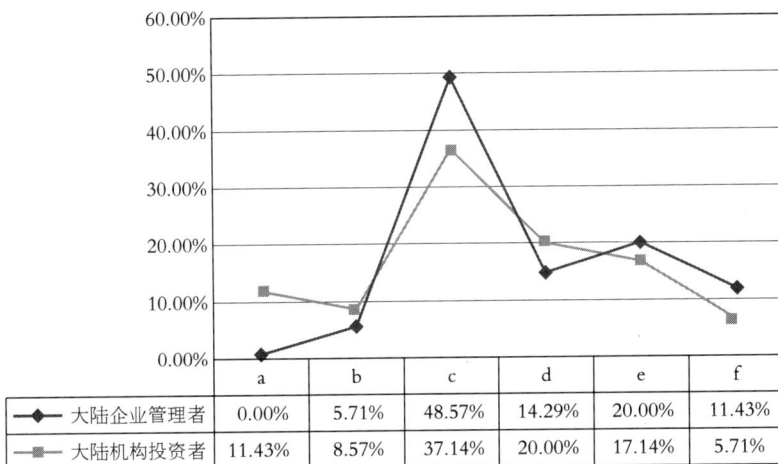

图5-2 对"综合收益"和"净利润"重要性的认识差异分析

注：

题目2：在"综合收益"和"净利润"的比较中，您认为下列哪个选项的描述，最符合大家在日常工作中对"综合收益"指标的认识：（单选）

a. 我在工作中未使用过"综合收益"这个指标，无法进行评价；

b. 会使用"综合收益"指标进行对投资对象的企业价值进行分析，"综合收益"指标和"净利润"指标各有利弊，无法区分二者的重要程度；

c. "综合收益"指标虽然涵盖内容更全面，但是由于目前使用还不够广泛，因此，重要性不及"净利润"；

d. "综合收益"指标虽然涵盖内容更全面，但是由于目前业内对它的认识还不完全一致，因此，重要性不及"净利润"；

e. "综合收益"指标虽然涵盖内容更全面，但是目前只是个参考指标，因此，重要性不及"净利润"；

f. "综合收益"指标涵盖内容更全面，考虑因素更充分，能够弥补"净利润"指标的缺陷，因此，比"净利润"指标更重要。

审计师的观点也大体上印证了上述看法（剔除题目3选择a选项的受访者后的占比情况如图5-3所示）。5.81%的审计师认

为接受审计的客户无法区分"净利润"和"综合收益"的重要
程度，**47.67%**的审计师认为，客户认为"综合收益"重要性不
及"净利润"的主要原因是"使用不够广泛"，**16.28%**的审计
师认为客户对"综合收益"的认识还不完全一致，仅有 **1.16%**
的审计师反馈其客户认为综合收益比净利润重要。

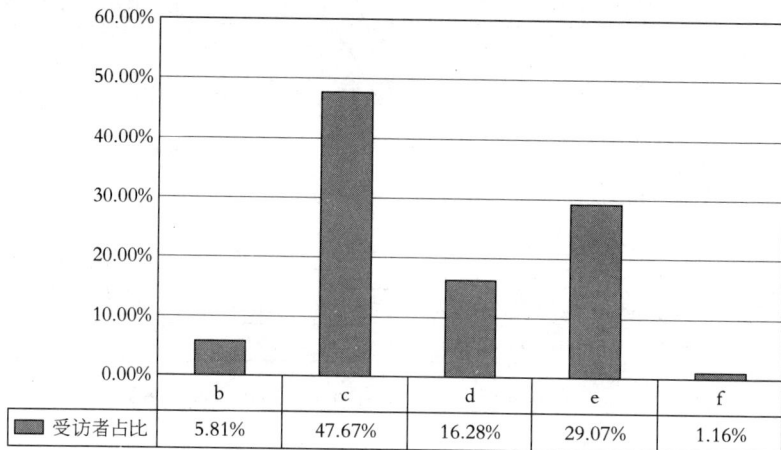

| 受访者占比 | 5.81% | 47.67% | 16.28% | 29.07% | 1.16% |

图 5-3　接受审计的客户对"综合收益"和"净利润"重要性的认知分析

注：

题目 3：您认为接受审计的客户对"综合收益"和"净利润"的认识，最符合下列哪个选项的描述：（单选）

a. 我在工作中未使用过"综合收益"这个指标，无法进行评价；

b. 客户正在使用"综合收益"指标进行日常管理、预算编制和考核等工作，认为"综合收益"指标和"净利润"指标各有利弊，无法区分二者的重要程度；

c. 客户认为"综合收益"指标虽然涵盖内容更全面，但是由于目前使用还不够广泛，因此，重要性不及"净利润"；

d. 客户认为"综合收益"指标虽然涵盖内容更全面，但是由于目前业内对它的认识还不完全一致，因此，重要性不及"净利润"；

e. 客户认为"综合收益"指标虽然涵盖内容更全面，但是目前只是个参考指标，因此，重要性不及"净利润"；

f. 客户认为"综合收益"指标涵盖内容更全面，考虑因素更充分，能够弥补"净利润"指标的缺陷，因此，比"净利润"指标更重要。

（2）在对企业财务状况和经营成果分析时主要使用"净利润"指标

企业管理者和机构投资者中，分别有60%（题目4选择b和c的受访者）的受访者在分析财务状况和经营成果时，仅使用"净利润"或者以"净利润"数据为准。接受调查的企业管理者都还没有使用"综合收益"指标进行财务分析和经营成果的确认，机构投资者受访者中仅有2.86%（即35个有效样本中仅1人使用"综合收益"指标，如图5－4所示）。

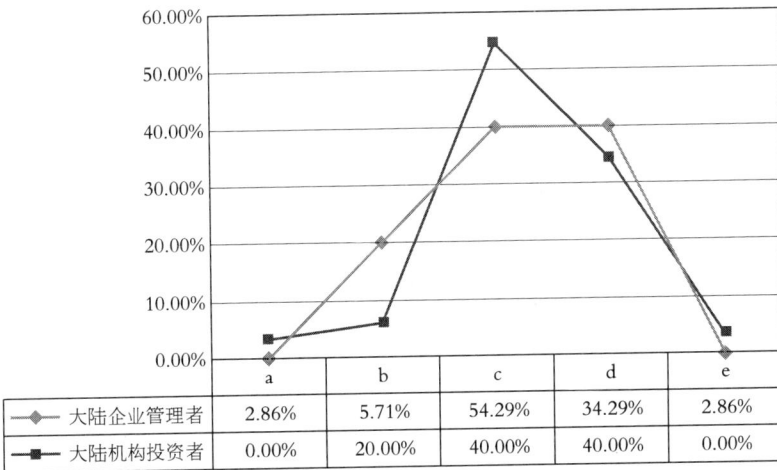

	a	b	c	d	e
大陆企业管理者	2.86%	5.71%	54.29%	34.29%	2.86%
大陆机构投资者	0.00%	20.00%	40.00%	40.00%	0.00%

图5－4 "综合收益"使用情况分析

结合"综合收益"概念的认知情况来看（如图5－5所示），可能对"综合收益"的使用比较深入（题目4选择d选项）的受访者中，分别又有57.14%的企业管理者和33.34%的机构投资者表示很少接触或很少使用"综合收益"（题目1选择b和c选项）。可见，有可能对综合收益理解清晰且经常使用的受访者，企业管理者不足20%，机构投资者不足30%，进一步说明了在对经营成果和财务状况的分析中，主要是使用"净利润"指标。

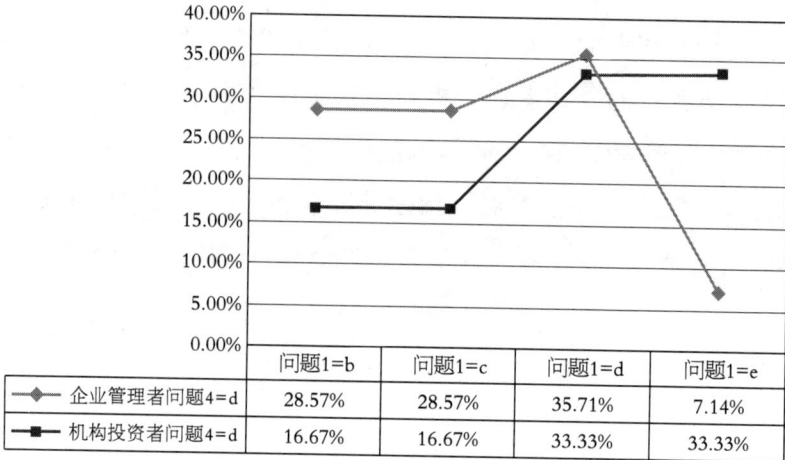

	问题1=b	问题1=c	问题1=d	问题1=e
企业管理者问题4=d	28.57%	28.57%	35.71%	7.14%
机构投资者问题4=d	16.67%	16.67%	33.33%	33.33%

图5-5 综合收益概念的认知情况和使用情况的交叉分析

注：
题目4：在日常工作中，您对企业/投资对象的财务状况和经营成果的分析主要会考虑哪些因素，请在下列选项中选择最符合实际情况的一项：（单选）
a. 不从事相关工作，不是很清楚；
b. 只使用净利润指标；
c. 会以净利润指标提供的数据为准，同时也会适当参考那些已确认但未实现、平时不记入利润表的项目，如"可供出售证券公允价值变动产生的其他综合收益"、"套期会计下产生的其他综合收益"、"外币折算产生的其他综合收益"、"与养老金负债相关的其他综合收益"等；
d. 会综合考虑净利润和那些已确认但未实现、平时不记入利润表的项目，如"可供出售证券公允价值变动产生的其他综合收益"、"套期会计下产生的其他综合收益"、"外币折算产生的其他综合收益"、"与养老金负债相关的其他综合收益"等；
e. 主要使用综合收益指标。

（3）综合收益在公司的预算、计划或考核等管理工作中还很少涉及

企业管理者中，80%（题目5选择a、b、c选项）的受访者认为"综合收益"在公司的预算、计划或考核工作中"基本不会用到"、"不会涉及，仅在编制财务报告时使用"或"很少涉及"（见

图5-6所示）。这个结论也说明了，综合收益被关注的程度较低。

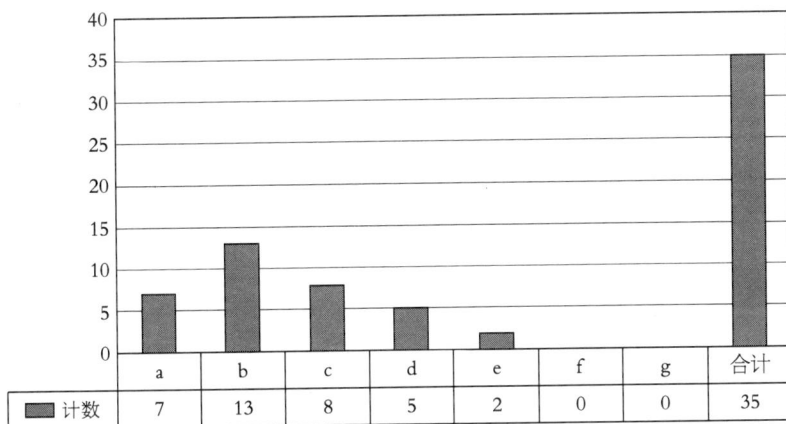

图5-6　对综合收益使用情况的分析

注：
题目5：您认为以下哪项描述最符合您所在的公司对综合收益的使用情况？（单选）
　a. 基本不会用到综合收益；
　b. 在预算、计划及考核中不会涉及，主要是在编制财务报告时使用；
　c. 在预算、计划及考核中很少涉及，重要性远不及净利润；
　d. 在预算、计划及考核中会涉及，但重要性不及净利润；
　e. 在预算、计划及考核中广泛运用，与净利润同等重要；
　f. 在预算、计划及考核中广泛运用，已经不再提及净利润；
　g. 我不了解情况，无法回答这个问题。

（4）在企业日常管理报告和报表分析中还很少使用"综合收益"

企业管理者中，认为"在日常工作中很少接触和使用综合收益"、"对综合收益处在了解阶段"或者"以净利润指标为主，仅使用综合收益做一些计量分析的辅助工作"的受访者占比接近95%（题目6选择a、b和c选项，如表5-3、图5-7所示）。在35位受访者中，仅有1位认为已经比较习惯使用"综合收益"指标进行计量和分析，没有受访者认为已经很依赖"综合收益"指标。

表5-3 企业管理者对"综合收益"使用情况的评价

	空值	a	b	c	d	总计
企业管理者	1	0	7	26	1	35

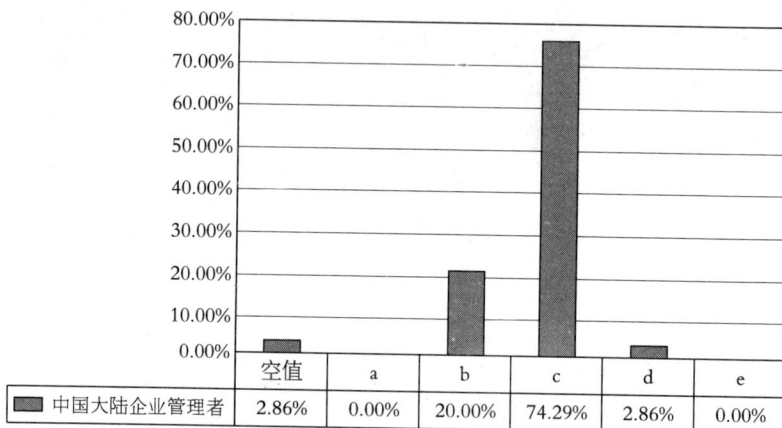

	空值	a	b	c	d	e
▨ 中国大陆企业管理者	2.86%	0.00%	20.00%	74.29%	2.86%	0.00%

图5-7 企业管理者对"综合收益"的使用情况分析

注:

题目6:请在下列选项中,选择一个最符合您对"综合收益"这个指标的使用情况的选项:(单选)

　　a. 我不从事相关工作,从未接触过这个指标;

　　b. 我对这个指标还处在了解阶段,这个指标的数据不会反映在我们的日常管理报告中;

　　c. 我会使用"综合收益"指标做一些计量和分析的辅助工作,目前的报表和报告还是以利润指标为主;

　　d. 我已经比较习惯使用"综合收益"指标进行计量和分析了;

　　e. 我已经很依赖"综合收益"这个指标了。

3."综合收益"在实际工作中被关注程度低

　　受访者认为综合收益被关注程度低。在对公司财务报告进行审议和投资者问答时很少会涉及其他综合收益,机构投资者也很少关注其他综合收益信息。

（1）大多数人并不关注综合收益

分别有 **57.14%** 的企业管理者和 **54.29%** 的机构投资者（题目 7 选择 d 选项）认为"只有一小部分专业人士关注"综合收益，认为"几乎没有人关注"或"大部分人都不怎么关注"综合收益（题目 7 选择 b 和 c 选项）的企业管理者和机构投资者则分别占 **28.57%** 和 **17.15%**。仅有 **11.42%** 的企业管理者和 **20%** 的机构投资者（题目 7 选择 e、f、g 选项）认为"综合收益"受到多数人关注（如图 5 - 8 所示）。

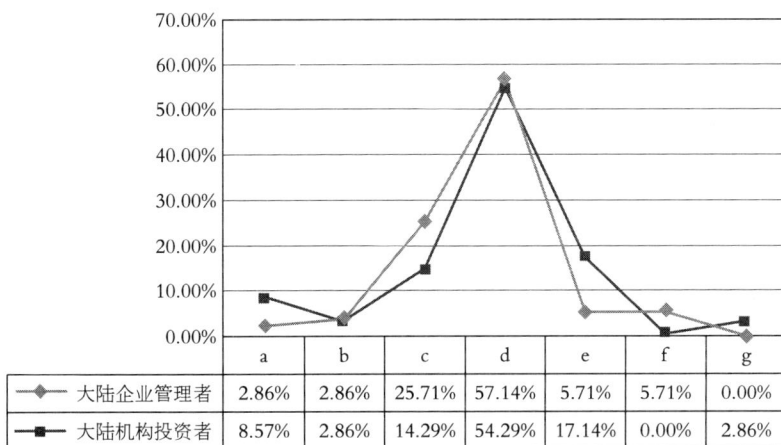

	a	b	c	d	e	f	g
大陆企业管理者	2.86%	2.86%	25.71%	57.14%	5.71%	5.71%	0.00%
大陆机构投资者	8.57%	2.86%	14.29%	54.29%	17.14%	0.00%	2.86%

图 5 - 8　对综合收益受关注程度的分析

注：
题目 7：您认为目前在企业内部，"综合收益"这个指标被关注的程度符合下列哪个选项的描述：（单选）
　a. 我不了解情况，无法回答这个问题；
　b. 几乎没有人关心这个指标；
　c. 大部分人都不怎么关注这个指标；
　d. 只有一小部分专业人士关注这个指标；
　e. 大部分专业人士都在关注这个指标；
　f. 大家都很重视这个指标；
　g. 大家都认为这是一个在分析工作中不可或缺的指标。

（2）在公司财务报告审议和投资者问答等活动中很少涉及综合收益的讨论

企业管理者中，75.76%的受访者认为，在公司董事会财务报表审议及投资者问答等活动中，"很少涉及"或"从不涉及"其他综合收益的情况（如图5‑9所示）。审计师受访者印证了上述观点，有74.7%的审计师认为客户的董事会财务报表审议及投资者问答等活动中，"很少涉及"或"从不涉及"其他综合收益的情况（如图5‑10所示）。（题目8和题目9，计算选项计数占比时，剔除了选择e选项的受访者）

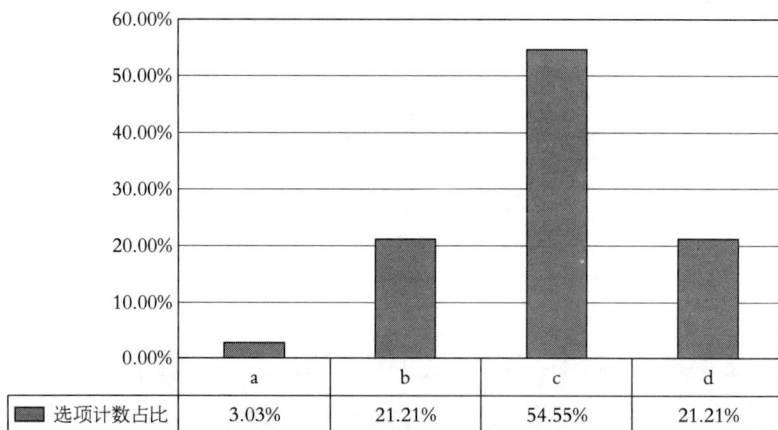

	a	b	c	d
选项计数占比	3.03%	21.21%	54.55%	21.21%

图5‑9　公司董事会审议和投资者问答对"其他综合收益"关注的情况

注：
题目8：您所在的公司在董事会财务报表审议及投资者问答等活动中，会涉及对"其他综合收益"指标的探讨吗？（单选）
    a. 经常提及；
    b. 有时涉及；
    c. 很少涉及；
    d. 从不涉及；
    e. 我无法回答这个问题。

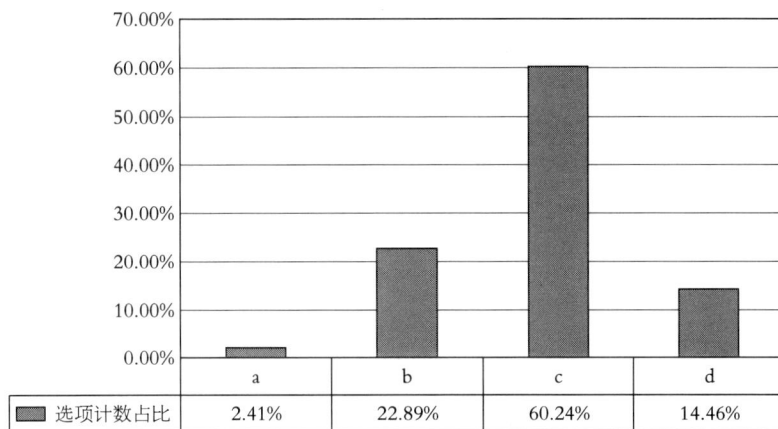

图 5－10 接受审计客户对"其他综合收益"关注情况的评价

注：
题目9：在您参加的客户董事会财务报表审议及投资者问答等活动中，会涉及对"其他综合收益"指标的探讨吗？（单选）
    a. 经常提及；
    b. 有时涉及；
    c. 很少涉及；
    d. 从不涉及；
    e. 我无法回答这个问题。

（3）机构投资者很少关心综合收益

机构投资者中，57.14％的受访者对"其他综合收益"信息的关注程度表示"一般"或"不太关注"（题目10选择c和d选项）。而表示比较关注"其他综合收益"信息的40％的机构投资者中，实际上又有50％对"综合收益"的概念"很少接触"或"很少使用"（题目1选择b和c），认知情况欠佳（如图5－11、5－12所示）。所以，可能仅有不到23％的机构投资者真正关注"其他综合收益"信息。

4."综合收益"对决策的支持程度较低

"综合收益"对决策的支持程度较低，无论从定量的打分，

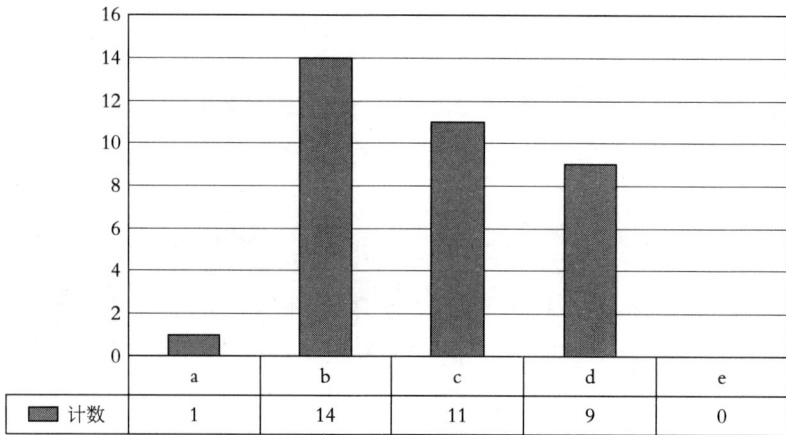

	a	b	c	d	e
计数	1	14	11	9	0

图 5-11　对综合收益受关注程度的分析

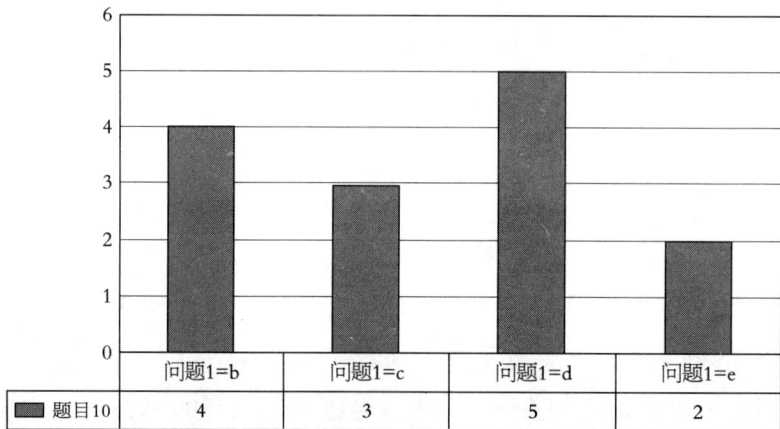

	问题1=b	问题1=c	问题1=d	问题1=e
题目10	4	3	5	2

图 5-12　"其他综合收益"受关注程度和"综合收益"认知情况交叉分析

注：

题目10：在您对投资对象进行财务分析时，是否会关注其他综合收益信息？（单选）

    a. 非常关注；

    b. 比较关注；

    c. 一般；

    d. 不太关注；

    e. 根本不关注。

还是从对决策过程和效果的定性评价，都说明了这一点。

（1）"净利润"对决策的支持作用要远高于"综合收益"

从"净利润"、"综合收益"和"其他综合收益"的决策有用性打分情况来看，各类受访者均认为，在当前的经营管理和投资实践中，"净利润"的决策支持作用要远高于"综合收益"和"其他综合收益"，综合收益信息在决策中倍感寂寞（如图5-13所示）。

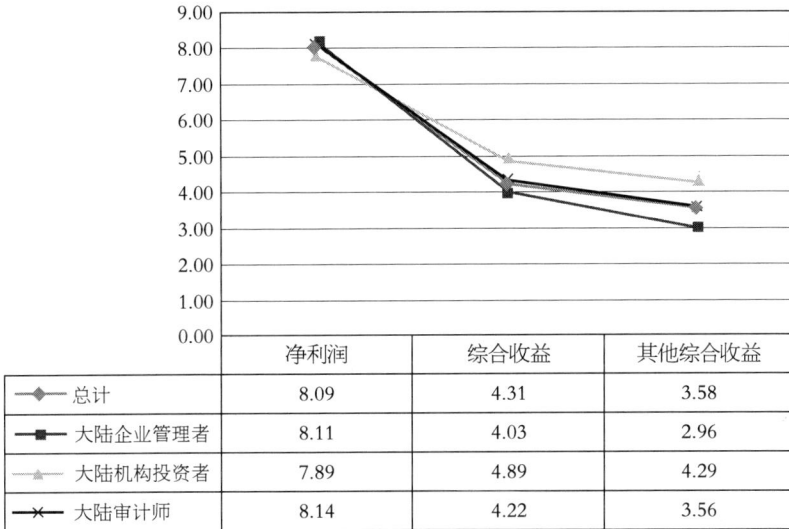

	净利润	综合收益	其他综合收益
总计	8.09	4.31	3.58
大陆企业管理者	8.11	4.03	2.96
大陆机构投资者	7.89	4.89	4.29
大陆审计师	8.14	4.22	3.56

图5-13 财务指标对经营管理和投资决策影响程度打分的分析

从打分的差距比较来看，企业管理者对"净利润"的平均打分是"综合收益"的2.01倍，审计师是1.93倍，机构投资者是1.61倍。可见，相对于"综合收益"而言，企业管理者对"净利润"的重视程度最高，说明目前在企业管理实践中，"净利润"仍然起到十分关键的作用。审计师在开展审计工作时，也表现出了对"净利润"的更多关注。

从打分的计数统计中也可以看出，三类受访者对"净利润"

打分为8分、9分、10分的数量明显高于"综合收益"和"其他综合收益",而打分为1—5分的数量,"净利润"则明显低于"综合收益"和"其他综合收益"(如图5－14、5－15、5－16所示)。

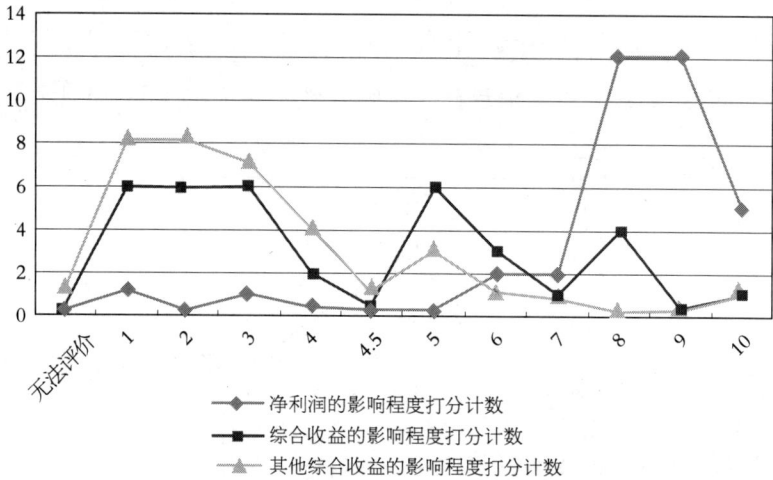

图5－14 企业管理者对财务指标影响程度评价的分析

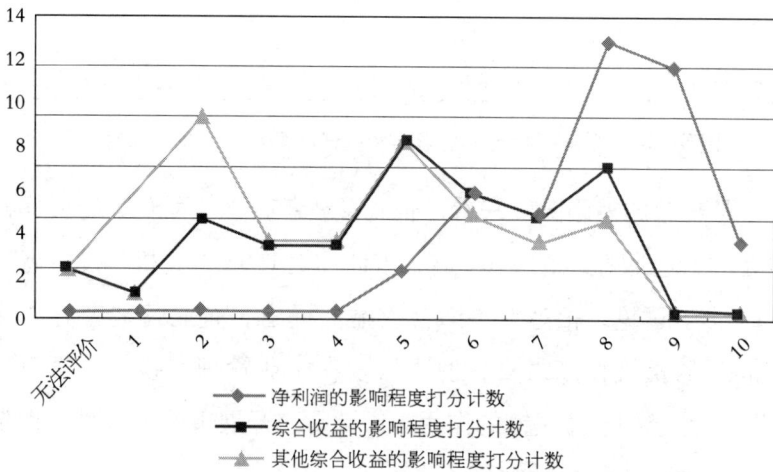

图5－15 机构投资者对财务指标影响程度评价的分析

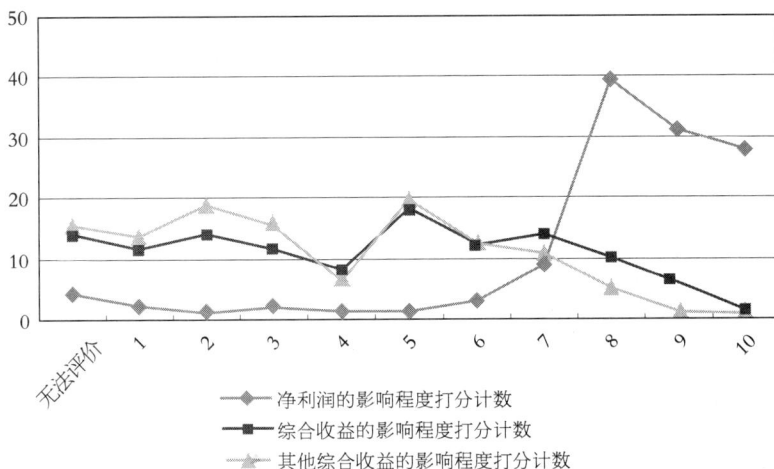

图 5－16 审计师对财务指标影响程度评价的分析

注：

对财务指标影响程度进行评价的问题：

题目 11：您认为"净利润"指标对企业经营管理决策（或投资决策/接受审计客户的经营管理决策）① 的影响程度如何呢？请用 10 分制进行评价，其中，10 分代表具有特别显著的影响，1 分代表几乎没有影响。

题目 12：您认为"综合收益"指标对企业经营管理决策（或投资决策/接受审计客户的经营管理决策）的影响程度如何呢？请用 10 分制进行评价，其中，10 分代表具有特别显著的影响，1 分代表几乎没有影响。

题目 13：您认为"其他综合收益"指标对企业经营管理决策（或投资决策/接受审计客户的经营管理决策）的影响程度如何呢？请用 10 分制进行评价，其中，10 分代表具有特别显著的影响，1 分代表几乎没有影响。

（2）"综合收益"未能起到很好的决策支撑作用

从企业管理者使用"综合收益"进行决策的过程和效果来看，37.14% 的企业管理者"未使用综合收益指标数据作为决策依据"（题目 14 选择 b 选项），可见，使用"综合收益"进行企业管理的实践环境还不成熟；22.86% 的企业管理者"未能对决

---

① 企业经营管理决策、投资决策、接受审计客户的经营管理决策分别适用于企业管理者、机构投资者和审计师等受访对象。题目 12、13 同。

策结果的影响进行有效的评估"（题目14选择c选项），这也是企业管理者没有充分重视"综合收益"及其与利润指标存在差异的一种表现。28.57%的企业管理者认为"与以前的决策相比，没有发现使用综合收益指标数据进行决策在效果上的差异"，这可能也与使用"综合收益"进行决策的环境不成熟有关。仅有8.57%的企业管理者认为"使用综合收益指标数据进行决策表现出了更好的效果"（如表5-4、图5-17所示）。

机构投资者中也有较大比例的受访者（65.72%，题目14选择b、c、d选项）无法明确评价使用"综合收益"决策的效果。但同时，机构投资者对使用"综合收益"进行决策效果的评估较企业管理者要更加明确，认为"使用综合收益指标数据进行决策的效果不理想"的机构投资者占8.57%，认为"使用综合收益指标数据进行决策表现出了更好的效果"的机构投资者占22.86%，均高于企业管理者（如图5-17所示）。

值得注意的是，有一小部分机构投资者已经开始"综合收益"给予关注，并开始尝试使用"综合收益"进行决策。调查结果显示，机构投资者中有8位受访者认为"使用综合收益指标数据进行决策表现出了更好的效果"（题目14选择f选项，如表5-4所示），其中有5位受访者对综合收益概念的认知情况较好（题目1选择d和e选项），对"综合收益"的使用和理解情况较好（题目4选择c和d选项）且对综合收益比较关注（题目10选择b选项）。这在某种程度上说明财务报告使用者对综合收益的接受是一个渐进的过程。

表5－4 综合收益的决策效果分析

	空值	a	b	c	d	e	f	总计
企业管理者	0	0	13	8	10	1	3	35
机构投资者	1	0	7	8	8	3	8	35

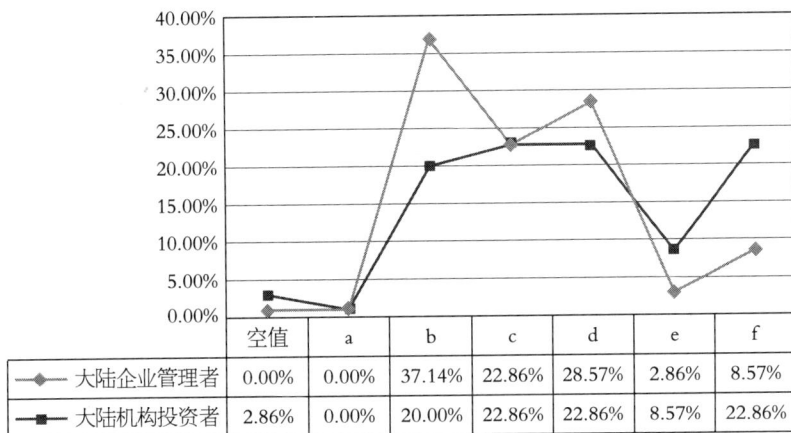

	空值	a	b	c	d	e	f
◆ 大陆企业管理者	0.00%	0.00%	37.14%	22.86%	28.57%	2.86%	8.57%
■ 大陆机构投资者	2.86%	0.00%	20.00%	22.86%	22.86%	8.57%	22.86%

图5－17 综合收益的决策效果分析

注：
题目14：您认为从综合收益对决策结果的影响来看，下列选项中描述最符合实际情况
　　　 的是：（单选）
　　　 a. 未从事相关工作，不是很清楚；
　　　 b. 未使用"综合收益"指标数据作为决策依据；
　　　 c. 未能对决策结果的影响进行有效的评估；
　　　 d. 与以前的决策相比，没有发现使用"综合收益"指标数据进行决策在效果
　　　　　上的差异；
　　　 e. 与以前的决策相比，使用"综合收益"指标数据进行决策的效果不理想；
　　　 f. 与以前的决策相比，使用"综合收益"指标数据进行决策表现出了更好的
　　　　　效果。

（3）审计师认为其他综合收益信息相对重要

从外部审计的角度来看，审计师认为应该给予"其他综合收益"信息更多的关注。**66.67%** 的审计师受访者认为"其他综合

收益"信息"非常重要"或"比较重要"。(题目 15,计算选项
计数占比时,剔除了选择 f 选项的受访者,如图 5－18 所示)

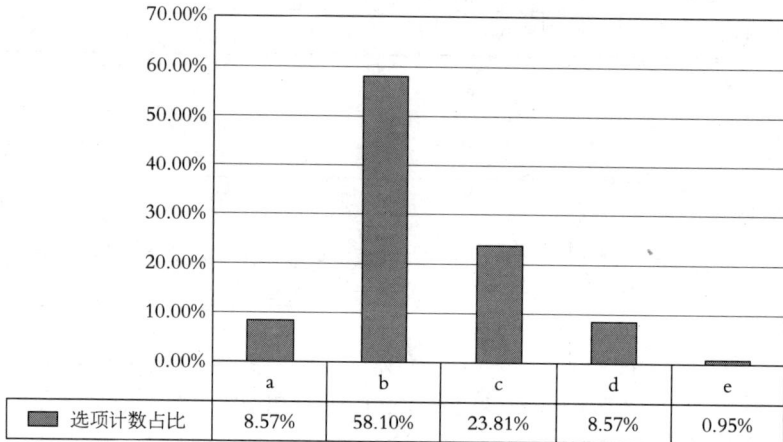

图 5－18　审计师对"其他综合收益"信息重要性的评价

注:
题目 15:从审计重要性角度,您如何看待"其他综合收益"信息?(单选)
　　　a. 非常重要;
　　　b. 比较重要;
　　　c. 一般;
　　　d. 不太重要;
　　　e. 一点也不重要;
　　　f. 我无法回答这个问题。

5.3　美国综合收益实验研究

　　受研究条件限制,笔者仅针对国内受访者进行了综合收益问
卷调查,未能直接了解国外财务报告使用者对综合收益的态度和
意见,但美国已有的实验研究为本书提供了一个很好的途径。本

节将通过对美国相关实验研究结果分析，了解综合收益对其投资者的影响，并比较国内外投资者对综合收益有用性评判的差异。

Hirst D. & Hopkins, P.（1998）采用实验研究的方法，对处于买方地位的财务分析师进行了调查，了解披露综合收益及其组成部分，是否有助于其盈利分析决策，并影响到对股票价格的判断。研究背景是由于当时理论与实务界对于 SFAS 130 存在着一些争议，反对者（主要是财务报告编制者）认为，在财务报告附注或其他地方，综合收益的各个组成部分已有披露，如果再进行列示，将会是多余的；支持者（主要是财务报告使用者，如投资管理与研究委员会）认为，在损益表之外查找其他综合收益信息，会增加投资者的信息获取成本，因此，支持 SFAS 130 的规定。

为此，作者设计了一项实验，邀请具有多年投资经验的分析师参与，以调查清晰地报告综合收益及其组成部分，对于处于买方地位的财务分析师投资决策的影响。实验中，作者基于真实的美国上市公司，虚拟了两家公司的财务数据。两家公司的经营、盈利情况相似，但可供出售债券交易的频繁程度不同，买卖频繁的为有盈余管理的公司（EM），买卖不频繁的为无盈余管理的公司（NEM）。同时将这两家公司的财务数据进行加工，编制了无单独披露（No-CI）的财务报告，在权益变动表中披露的财务报告（CI-SCE），以及在损益表部分披露的财务报告（CI-IS）。分析师也分成三组，No-CI、CI-SCE 以及 CI-IS 组。每组分析师分别根据组内的 EM 公司与 NEM 公司的财务报表信息，对公司的股价分别进行估计。

作者实验研究的假设为：随着综合收益及其组成部分披露清

晰程度的增加，分析师对于有盈余管理和无盈余管理公司的股价判读的差异将缩小；具体而言，随着综合收益信息的更加清晰，有盈余管理公司的股价预期将会下降，而无盈余管理公司的股价预期将保持不变。

分析师估值的结果，与研究假设相吻合，在损益表部分清晰披露 CI 及其组成部分，能够使盈余管理的信息更加透明，使分析师对 EM 公司和 NEM 公司股价的判断更为一致。而在 SCE 中披露 OCI，未能消除分析师对 EM 公司和 NEM 公司股价判断的差异。作者通过实验研究认为，在美国单独披露综合收益及其组成部分的信息，对机构投资者而言是有价值的，而且在损益表中单独披露比在权益变动表中披露更为有用。

Laureen A.Maines & Linda（2000）采用类似的方法，就综合收益对美国非专业投资者投资决策的影响进行了研究。研究结果发现，虽然不同的披露位置（权益变动表中披露或损益表中披露）对于非专业投资者而言，无显著影响，但是如果在损益表中披露其他综合收益信息，投资者将会在其投资决策中赋予该信息较高权重，即投资者认同综合收益概念，在损益表中披露综合收益信息对投资决策是有用的。

以上两项实验研究和本书问卷调查均在相关准则规定（美国 SFAS 130 和中国《企业会计准则解释第 3 号》）颁布后两、三年内进行的，时间跨度较为接近，但从二者的研究结果来看，两国财务报告使用者对于其他综合收益、综合收益指标的认识确实存在差异。在我国，综合收益是一个尚未被广泛认知、接受和利用的指标，而在美国，对于投资者而言（包括机构投资者与非专业投资者）综合收益均为一个有用的指标，单独、清晰的披露其他综合收益、综合收益信息有助于投资者评估和判断企业价值，这与我国的实际情况存在很大的反差（尤其是考虑到在本书的问卷调查中，有超过35%的机构投资者表示从未接触过综合收益的概念）。这也从另一个角度解释了本书实证研究发现的综合收益价值相关性存在国别差异的现象。

5.4 我国综合收益不具备价值相关性的原因分析与思考

至此，本书已从多个方面对综合收益的价值相关性及国别差异进行了分析。为便于后文的论述，这里对前文研究成果作一简单的总结，并具体分析我国综合收益不具有价值相关性的原因，为下一步研究会计准则国际趋同的对策建议奠定基础。

5.4.1 综合收益价值相关性研究的基本结论

通过前面各章的分析、研究，对综合收益及其价值相关性有以下几点结论：

第一，综合收益能够更好地反映企业的财务业绩。综合收益是因经济环境变化，以及经济收益与会计收益相互调和后的产物。因此，从理论上看，综合收益比传统的会计收益——净利润更具有合理性，能够更全面和完整地反映企业的经营业绩。

第二，综合收益概念被英美等国家会计准则制定机构相继采纳，是经济发展的客观要求，反映了理论研究的成果，体现了决策有用的会计目标。其中，既有会计准则与时俱进的一面，也表明了会计的反映性特点。

第三,综合收益准则的颁布并非一帆风顺。必然中有偶然,偶然中有博弈。经济环境变化是内因,会计理论发展是基础,而博弈和利益平衡则决定了具体策略、披露方法及时机选择。

第四,实证研究表明,综合收益的价值相关性在不同的国家和地区存在差异。在美国和香港地区,综合收益价值相关性高于或几乎等于净利润,其他综合收益具有增量价值信息含量;在我国,综合收益价值相关性要低于净利润,其他综合收益无增量价值信息。这说明在我国引入综合收益,没有实现提高财务报告决策有用性的目标。

第五,财务报告质量受到外在环境的影响和制约,会计环境的差异是导致综合收益价值相关性国别差异的主要原因。问卷调查表明,综合收益在我国还没有得到广泛关注和使用,对决策的支撑作用尚不明显;而美国的实验研究显示,综合收益对财务报告使用者具有决策相关作用。

5.4.2 我国综合收益不具备价值相关性的原因分析

综合本章会计环境差异分析及问卷调查和实验研究的结果,本书认为综合收益在我国尚不具有价值相关性主要有以下几个方面的原因:

第一,会计准则国际趋同的时机把握不合理。会计准则趋同的核心,一是政策把握,二是时机选择。在会计准则国际趋同的背景下,2009年我国引入综合收益披露规定,在技术层面也很好地处理了与现有法律法规的关系,但在时机的把握上值得商权。在 IFRS 颁布综合收益相关规定后，同步予以跟进，有路径依赖的嫌疑。其背后暗含的问题是在会计准则国际趋同的大方向下，是否允许我国会计准则与 IFRS 存在差异，以及存在多大程度的差异和如何把握这个差异。

第二，综合收益与我国目前国情不符。综合收益从根本上为了反映市场经济环境下资产价格波动给企业财务业绩带来的影响，因此，经济环境是会计准则制定机构决定是否采纳综合收益的最主要原因。而我国市场经济运行时间相对较短，相关法律法规还不健全，利率、汇率等重要市场价格仍没有完全市场化，资本市场在社会融资中的角色和作用还有待提高，市场价格变动对企业财务业绩影响还不显著，公允价值的会计实践时间较短，凡此种种，都限制了综合收益在我国的运用，进而影响到准则的实施效果。

第三，综合收益的实施效果受到法律法规和监管环境的影响。对国有资产管理的考核、评价方法直接影响到企业的管理行为，而目前国有资产管理部门更加关注企业的主营业务，并限制企业的投资和投机行为，这必然会影响到企业的管理实践及各方对其他综合收益的关注。中国证监会要求上市公司严格披露和规范非经常损益项目，这也在一定程度上制约了其他综合收益作用的发挥。

第四，会计准则制定的博弈程度不够，企业界参与不足。综合收益的披露规定为企业增加了成本，但带来的收益有限，然而企业却对此规定反应平淡，说明准则制定过程中各相关方的博弈程度不高。各方参与会计准则制定的意愿受到股权结构、会计职业队伍素质等因素的制约，这些因素导致会计准则在制定过程中不能清晰地了解各方的意愿，无法准确地判断会计准则实施带来的成本和效益影响。

第五，综合收益的宣传、培训力度不够。对综合收益的理论研究不足，在综合收益的实施过程中，缺乏广泛的宣传，投资者对综合收益的内涵、意义等了解不够，制约了综合收益决策作用的发挥。

5.4.3 我国综合收益准则国际趋同策略的思考

综合收益准则的趋同策略无外乎以下几种：一是同步跟进IFRS综合收益披露规定；二是在2006年新准则颁布时吸收综合收益准则要求，并与《企业会计准则（2006）》同步实施；三是于IFRS正式生效前引入综合收益相关规定，但实施时间滞后于IFRS（如两至三年）；四是不引入IFRS的规定。

基于本书的研究，由于综合收益准则符合了会计的发展方向，伴随着我国经济环境的变化，必然会在未来某个阶段采纳综合收益概念，因此，策略四不是趋同的选项。策略一是我国会计准则制定机构实际选择的结果，其好处在于与IFRS同步，同时有助于促进实务界更早地接受和使用综合收益指标。策略二与策略一相比，实施成本相同，其好处在于：（1）实施效果更好（因为有新准则实施的大规模宣传和培训）。（2）由于该准则要求先于IFRS颁布和实施，更彰显了趋而不同的趋同策略，暗合中国会计准则可以比IFRS领先一步。（3）即使IFRS最终没有推出综合收益披露要求，其所带来的实施成本也是我国会计准则制定机构可以接受的（即目前策略一的选择结果）。策略三的好处在于趋同但不同步，有很好的实施效果和更低的实施成本。

基于本书的研究分析，对综合收益准则的趋同策略来说，更优的选择是策略二或策略三，策略一并非最优策略。在目前选择策略一的情况下，重点是要做好综合收益的宣传、培训等工作，并积极开展法律法规和监管协调，为充分发挥综合收益的作用营造良好的氛围。

5.5 本章小结

本章首先分析了综合收益价值相关性的国别差异原因，总结了政治法律环境、经济发展差异、股权结构及公司治理结构、文化和会计职业力量等五方面的会计环境差异影响因素。进而指出，不同的会计环境会影响到会计准则的选择，相同的会计准则未必会产生相同的执行效果。在制定会计准则，决定会计准则国际趋同策略，以及判断财务报告质量时，都需要充分考虑这些现实和潜在的影响因素。

在分析了上述国别差异原因后，本章重点以问卷调查的方式，研究了在我国实际环境下综合收益的决策有用性。问卷调查显示，大部分财务报告使用者对综合收益认知程度较低，主要是依据传统的净利润进行管理和决策，净利润在经济决策中仍居主导地位，而综合收益在实践中没有被广泛地使用。问卷调查的结论说明综合收益在我国的决策有用性很低，没有起到决策支撑的作用，从而有效地支持和解释了对综合收益价值相关性的实证研究结果，检验了会计环境的影响。同时，本章基于美国的实验研究文献，就美国和中国投资者对综合收益的态度进行了对比分析，从另一个角度解释了综合收益价值相关性存在差异的原因。

在本章的最后，对综合收益价值相关性研究进行了简要总结，并重点分析了我国综合收益不具有价值相关性的原因，以及综合收益准则趋同的策略选择，为下一章研究我国会计准则国际趋同策略提供了基础，起到了承前启后的作用。

6

国际趋同背景下
我国会计准则趋同策略

习惯的力量使我们安于任何一种现象。①

——休谟

人类对于事物本质的认识，总是从现象开始的。"先形成表象，后才形成概念，而且唯有通过表象，依靠表象，人的能思的心灵才进而达到对于事物的思维的认识和把握。"② 综合收益价值相关性国别差异，就是这样一个现象或一扇窗。作为新会计准则实施后引进的第一项 IFRS 规定，综合收益为观察我国会计准则制定机构对趋同策略的把握提供了一个很好的窗口，透过这扇窗，需要研究在今后会计准则国际趋同时应该采取怎样的策略。

从会计准则趋同的国际经验来看，各主要经济体在趋同过程

---

① ［英］休谟著：《人性论》（上册），关文运译，商务印书馆 2009 年版，第 200 页。

② ［德］黑格尔著：《小逻辑》，贺麟译，商务印书馆 2009 年版，第 36 页。

中，在对会计准则国际趋同方向表示认可的同时，始终注意把握会计准则国际趋同的主动权。但另一方面，研究表明会计准则国际趋同并不一定能够带来高质量的财务报告，必须考虑到经济环境和财务报告动机等制约因素，而且会计准则国际趋同也不可避免地带来制度成本。这些都是会计准则国际趋同所必须考虑的因素。本书研究证明，我国引入综合收益并没有实现决策有用的会计目标，也没有很好体现趋而不同的思想。因此，在坚持会计准则国际趋同大方向的前提下，必须要结合我国的国情，科学、合理的判断和选择具体趋同策略和方法，以保证会计准则国际趋同能带来最佳的经济后果。

6.1　会计准则国际趋同的背景及历程

纵观会计发展史，会计准则的历史变迁，经历了一个由异到同的过程，先是协调差异，进而实现趋同，但其具体进程并非一帆风顺。

6.1.1　会计准则国际趋同的背景和目的

经济全球化，特别是资本市场的发展、国际贸易的增长、跨国公司的壮大、国际投资活动的增加等，都促进了会计国际化的发展，并引起人们对国际会计准则的广泛关注和研究。

会计准则国际趋同是经济全球化的必然要求。经济全球化使得会计准则这一公共物品日益被众多国家使用。从表 6 - 1 中可以看出，2010 年全球货物和服务进出口总额、外国直接投资和上市公司市值分别是 2001 年的 2.4 倍、1.5 倍和 2 倍；《财富》杂志公布的世界 500 强企业 2010 年的营业收入相当于 2001 年的 1.64 倍。① 贸易、投资和跨国公司的快速发展必然会促进会计准则的国际协调，正如 Paul Volcker 所说："市场在正常地运作，资本在进行有效的分配，投资者就要求：财务信息具有透明度和可比性，能够正确地反映公司的经济业绩，以便作出合理的投资决策。全球化世界中，在不同国家以同样方式处理同样经济业务，这才是合情合理的。"②

表 6-1　2001—2010 年全球国际贸易、投资和上市公司市值情况

（单位：百万美元）

年份	货物和服务进出口总额	外国直接投资	上市公司市值
2001	15,386,537	888,861	27,906,268
2002	16,086,276	746,285	23,509,265
2003	18,633,018	650,599	32,036,193
2004	22,563,396	783,330	38,151,366
2005	25,550,812	1,211,070	43,319,352
2006	29,308,103	1,594,550	53,375,287
2007	33,998,528	2,352,050	64,563,414
2008	39,011,653	1,905,620	34,887,451
2009	30,984,114	1,345,820	48,732,626
2010	36,922,124	1,331,500	56,172,634

资料来源：世界银行，http://databank.worldbank.org.

① 根据财富中文网（http://www.fortunechina.com）加工计算得出。
② 转引自王松年主编：《国际会计》，复旦大学出版社 2007 年版。Paul Volcker 系美国联邦储备委员会和国际会计准则委员会基金会受托人原主席。

国际资本市场发展进一步促进了会计准则的国际趋同。随着国际资本市场的发展，国外上市公司已占上市公司总数的很大比例（见表6—2）。对于国际投资者和信贷提供者而言，会计准则的协调和国际趋同能够产生更加可比和可靠的会计信息，可以降低风险，增强其信心。更为重要的是，会计准则国际趋同能够促进信息可比和增强投资者信心，有助于降低国际投资的成本，提高国际资本的流动性，对促进国际资本市场健康发展和提高全球金融资源配置效率具有重要意义。

表6-2　截至 2011 年 12 月全球主要交易所外国上市公司占比

交易所	本国公司	外国公司	外国公司占比
卢森堡证券交易所 Luxembourg SE	27	271	90.94%
墨西哥交易所 Mexican Exchange	128	348	73.11%
新加坡交易所 Singapore Exchange	462	311	40.23%
纽约证券交易所美国区 NYSE Euronext（US）	1,788	520	22.53%
伦敦证券交易所 London SE Group	2,288	598	20.72%
纽约证券交易所欧洲区 NYSE Euronext（Europe）	969	143	12.86%
约翰内斯堡证券交易所 Johannesburg SE	347	48	12.15%
纳斯达克交易所 NASDAQ OMX	2,383	297	11.08%
德国证券交易所 Deutsche Börse	670	76	10.19%

资料来源：世界证券交易商联合会；http://www.world-exchanges.org。

国际监管也对会计准则国际趋同提出了更高的要求。国际金融危机中暴露的金融创新过度、跨境资金流动缺乏监督、影子银行缺少监管等，都要求建立全球一致的会计准则，以便各国政府采取共同及一致的行动。客观地说，每次金融危机，会计都受到了广泛质疑。但这种质疑的声音，既是对会计准则制定机构的压力，也从另外一个方面提高了会计准则的地位，促进了国际协调。比如会计准则的改进要求能够写入 G20 宣言，这在以往是不可想象的。

6.1.2 主要国家和地区会计准则国际趋同进程

置身会计准则国际趋同的大环境，不同国家采取了不同的策略，经历了不同的变迁过程。①

1. 美国——从消极观望到积极推进

从 1973 年起，FASB 开始负责制定美国的财务会计准则。但在 IASC 改组前，FASB 只是作为 IASC 的观察员参加会议，在 IAS 的制定中没有主要发言权，因此，它并不支持 IAS 在美国资本市场上的应用，不仅不热衷于美国 GAAP 与 IAS 之间的协调，甚至对 IAS 的认可设置了障碍，提出了很多要求（葛家澍，2001）。"在相当长的时期内，美国与国际会计准则委员会一直处于'对立'局面，美国对国际会计准则的态度是消极的"（冯淑萍，2001）。不过，虽然不支持、不热衷，但 FASB 对 IAS 一直保持着密切的关注，对美国 GAAP 与 IAS 之间的差异、IAS 的

---

① 此部分内容主要参考了财政部会计准则委员会《会计国际协调简讯》系列、财政部会计司准则二处《会计国际趋同及国外相关组织近期动态》系列。

未来发展趋势等做了大量研究。①

IASC 改组后，美国在 IASB 及其他机构中占据了"主发言人"的地位，在这种情况下，美国开始积极支持其 GAAP 与 IFRS 的趋同。2002 年 9 月，FASB 和 IASB 正式签订了"诺沃克协议"（norwalk agreement），双方决定在 2003 年完成美国 GAAP 与 IFRS 之间主要差异的确认，争取在 2005 年之前消除主要差异，计划范围限于短期内可以通过双方进行选择来达到趋同的领域，通过确认共同的、高质量的决策来实现可比性。②

2006 年 2 月，FASB 与 IASB 发布了《关于提高全球资本市场一致性、透明度和有效性的承诺》，重申了双方制定全球资本市场通用的高质量会计准则的目标，其中，包含了美国消除两套会计准则之间调节项目的"路线图"主要内容。双方决定在 2008 年年底之前消除美国 GAAP 与 IFRS 的差异。此后，FASB 起草了多个公开草案，以消除美国 GAAP 和 IFRS 间的差异，这些草案涉及会计政策变更、每股收益、非货币性资产交易、分部报告、公允价值计量和租赁等课题。

IASB 与 FASB 的合作受到了包括欧盟在内的国际社会的普遍欢迎，极大地促进了各国会计准则国际趋同进程，IASB 发布的

---

① 例如，美国财务会计准则委员会在 1996 年发布了《国际会计准则委员会——美国比较项目：关于国际会计准则与美国公认会计原则的异同报告》（The IASC-US Comparison Project：A Report on the Similarities and Differences between IASC Standards and US GAAP）；1998 年，又发表了一份题为《国际会计准则的制定：未来的一种设想》（International Accounting Standard Setting：A Vision for the Future）的研究报告，对高质量的会计准则提出了比较全面的看法。

② FASB, 2009, *Memorandum of understanding "The Norwalk Agreemen"*. Http://www. fasb. org/news/ memorandum. pdf.

一些文件也都打上了这种合作的"烙印"。

2007 年 11 月 15 日，美国 SEC 决定同意境外私人发行者按照 IFRS 编制财务报表，而无须按照美国 GAAP 对财务报表进行调节，2007 年 12 月 21 日，公布了最后的决议。为支持这一决议，SEC 对证券交易法、证券交易规则等相关法律进行了修订。此外，SEC 于 2008 年 8 月通过投票表决，打算允许或强制美国国内上市公司采用 IFRS。其设定的路线图主要内容为：在 2009 年 12 月 31 日之后开始的会计年度允许合乎一定标准的美国上市公司使用 IFRS 编制财务报表；SEC 将于 2011 年正式决定是否强制采用 IFRS；如果决定强制采用，将依照公司规模不同自 2014 年起分三阶段推进实施。

2. 欧盟——会计准则国际趋同的积极推动者

会计准则国际趋同最主要、最重要的推动者当属欧盟。无论是欧盟还是其前身欧洲经济共同体，都一直致力于建立一个包括商品、劳务、资本和人才自由流动在内的共同市场，以使欧盟公司享有国际化的自由。

公司法和税法的协调在欧盟内部协调中占有重要地位，其中也涉及到成员国会计准则的协调。因为公司法所强调的基本原则就是不应因为国家间法律的差异而使公司处于竞争劣势，公司法协调的一个重要内容就是确保可比和可靠的会计信息披露，以保护利益相关者的权益。

在欧盟首脑会议同意下，欧盟理事会可以发布"指令"（directives）和"规则"（regulations），以避免成员国主权受到侵犯和相互间的矛盾。在欧盟指令中，第四号指令和第七号指令与会计和财务报告直接相关。其中，1978 年发布的第四号指令"不同类型公司的年度财务报表"（Annual Accounts of Certain Types of Companies）是欧盟会计协调进程中一个重要的起点，涉及有限责任公司（包括股份公开发行和不公开发行）年度财务报告，对信息披露和估值方法提出了详细要求，为提高信息披露水平和透明度作出了重要贡献；1983 年发布的第七号指令"合并财务报表"（consolidated accounts），显著提高了欧盟公司的信息披露程度以及集团年度报告的信息含量和可比性，进一步推动了欧盟内部的会计协调。

鉴于指令有关规定的灵活性，欧盟逐步由指令协调发展到准则协调。2002 年 7 月，欧洲议会和欧盟委员会讨论通过了"关于运用国际财务报告准则的第 1606 号（2002）决议"（Regulation 1606/2002 on the Use of IFRS），决定从 2005 年起，所有在欧盟上市的公司采用 IFRS 编制合并财务报表（各国根据情况可适当延缓，但不得迟于 2007 年 1 月 1 日）。同时规定，欧盟成员国也可以将此要求扩展到本国非上市公司。通过强制要求上市公司实施 IFRS，欧盟实现了区域内会计准则的趋同。

需要特别注意的是，欧盟对 IFRS 的采纳并非无条件的，欧盟建立了对 IFRS 的认可机制。欧盟的认可机制包括两个层次：一是在技术层面成立"欧洲财务报告咨询组"（EFRAG）。通过事前介入方式，确保 IASB 了解欧盟对重大会计问题的态度和关切，同时对 IASB 颁布的准则及其解释开展评估，提出是否采纳的建议；二是在立法层面成立由欧盟领导、各成员国政府代表组成的会计监管委员会（ARC），负责审批 EFRAG 提交的 IFRS 采纳建议。在实际运作中，如果 EFRAG 反对采纳 IFRS，立法层次也将反对；如果"欧洲财务报告咨询组"主张采纳，而立法层次予以反对，则要说明反对的理由，并要求 EFRAG 寻找替代方案。虽然这种认可机制受到了不同程度的质疑，欧盟成员国的看法也不完全相同，但为欧盟是否采纳 IFRS 留下了回旋余地，并将 IFRS 的最终采纳权牢牢地掌握在自己手中。①

3. 澳大利亚——从局部协调到完全采纳

澳大利亚作为 IASC 的筹办者和 IASB 的早期成员之一，对于会计准则的国际协调一直持积极态度。②

早在 1994 年 7 月，澳大利亚会计准则委员会就发布了第 4 号"政策公告：澳大利亚—新西兰协调政策"（PS 4），开始了会计准则国际协调的步伐。1996 年 4 月，澳大利亚会计准则委员会又发布了第 6 号"政策公告：国际协调政策"（PS 6），开始与国际会计准则进行协调。2001 年，澳大利亚政府修改了《澳大利亚证券和投资委员会法案》，明确了澳大利亚会计准则委员会"具有参与制定全球统一会计准则并为之作出贡献的职责"③，从而为其国际趋同提供了法律支持。2002 年 4 月，重组的澳大利亚会计准则委员会发布了修订后的 PS 4"国际趋同与协调政策"，以取代原 PS 4 和 PS 6，其提出的国际趋同的目标是：通过参与国际会计准则理事会和国际会计师联合会公共部门委员会的活动，寻求制定一套国际上可接受的会计准则，并使澳大利亚获

---

① 参考曲晓辉、陈瑜："会计准则国际发展的利益关系分析"，《会计研究》2003 年第 1 期。

② 本部分参考汪祥耀、邓川等著：《澳大利亚会计准则及其国际趋同战略研究》，立信会计出版社 2005 年版。

③ 转引自汪祥耀、邓川等著：《澳大利亚会计准则及其国际趋同战略研究》，立信会计出版社 2005 年版，第 21 页。

益。鉴于该目标不可能在短期内实现，因此，国际协调的目标是在最大程度地符合澳大利亚经济利益的前提下，朝制定与国际准则相协调的澳大利亚准则的方向努力，并在上述国际准则制定中就最佳的会计实务处理方法施加影响。

受欧盟采纳 IFRS 决定的影响，澳大利亚财务报告委员会在 2002 年 7 月对澳大利亚会计准则理事会作出指示，要求澳大利亚的营利性主体从 2005 年 1 月 1 日起采用 IFRS。2003 年 3 月，澳大利亚会计准则理事会发布了有关 2005 年采纳 IFRS 的计划。之后，该理事会详细研究了澳大利亚会计准则与 IFRS 的差异，并陆续发布了修订后会计准则的征求意见稿。2004 年 6 月，正式发布了与 IFRS 相对应的澳大利亚会计准则。

4. 加拿大——稳步推进，完全采纳

作为国际会计准则委员会和国际会计师联合会的发起国之一，加拿大在 IAS 制定中具有重要作用。在加拿大会计准则制定过程中，较早地考虑了与 IAS 和美国 GAAP 的协调。

早在 1995 年 12 月，加拿大特许会计师协会就指出，应采取措施去除那些妨碍国际资本流动的会计审计准则，在全球范围内进行会计审计准则的协调，且应本着先北美协调、后国际协调的原则。1996 年 5 月，加拿大特许会计师协会成立了一个"准则制定行动小组"（Task Force on Standard Setting，TFOSS），对其会计准则制定工作进行了全面回顾与反思。该小组于 1998 年 5 月发布了最后的研究报告，确定了加拿大会计准则制定的长远目标为促进 IAS 协调，并在这一过程中发挥主导作用，而通往长期目标的战略路径选择则是"增加对国际会计准则制定活动的参与，同时加速与美国公认会计原则的协调"。

　　2005 年 4 月，加拿大会计准则委员会发布了一项战略计划草案——《加拿大会计准则：未来的方向》。2006 年 1 月，加拿大特许会计师协会批准了该计划。该计划针对公众公司、私人企业和非营利组织等三类报告主体采取不同的准则制定战略：对公众公司而言，在预计 5 年的过渡期内使加拿大会计准则与 IFRS 趋同，过渡期结束后废止加拿大会计准则，不过也允许将美国 GAAP 作为选择；对私人企业而言，启动了一项针对其财务报告需求的全面研究，以确定能够满足相应需求的最恰当准则制定模式；对非营利组织而言，将继续应用营利主体会计准则中适用于非营利组织的部分，同时就非营利组织的特殊情况制定相应准则。该计划得到加拿大会计准则委员会确认，加拿大公众公司从 2011 年起开始执行 IFRS。

5. 不同国家与地区国际趋同历程的总结

　　上述国家和地区在会计准则国际趋同历程上，尽管协调和趋同路径不同，但各自都在 IFRS 制定中拥有相当的话语权，都是基于本国利益，参与 IFRS 的制定。在此过程中，始终注意维护和提高本国在国际事务中的地位，促进本国资本市场和经济的发展，这一点确实应当是各国参与会计准则国际趋同的基本立场。但理性分析，每个国家的利益都是不同的，如果每个参与的国家都在 IFRS 制定时维护自身利益，要想制定一套放之四海而皆准的国际准则，必将只能是天方夜谭。这并非意味着放弃国家利益，也并非意味着会计准则国际趋同不可能实现，而是意味着要准确思考会计准则国际趋同的含义，即是否一定需要各个国家与地区采用一套完全相同的会计准则。

6.1.3 我国会计准则国际趋同历程

本书此处所言会计准则国际趋同历程，是一个广义的概念，即我国相关会计制度国际化的历程。对此，已有众多学者进行了归纳和总结，将这个过程划分为三个阶段：第一阶段（1979—1992 年）——局部借鉴国际惯例阶段。主要成果是 1985 年 3 月财政部发布的《中华人民共和国中外合资经营企业会计制度》，其在相当程度上采用了市场经济条件下通用的会计处理方法，可谓我国会计制度与国际会计惯例协调的重要开端。第二阶段（1992—1997 年）——较为广泛借鉴国际惯例阶段。标志性成果是《股份制试点企业会计制度》与"两则"、"两制"的发布和实施，从而逐步确立了与市场经济相适应，并与国际惯例初步协调的新的会计模式。① 第三阶段（1997—2006 年）——全面借鉴国际惯例阶段。主要成果包括，在对《股份制试点企业会计制度》修订的基础上颁布了《股份有限公司会计制度》，于 2000 年 12 月发布了《企业会计制度》。2006 年，正式颁布了《企业会计准则》，实现了我国会计准则与 IFRS 的实质趋同，构建按经济业务统一规范的会计准则体系。②

根据我国会计准则发展的现状，应当说当前已进入第四阶段（2007 年至今），即与 IFRS 持续趋同阶段，该阶段从 2006 年新企业会计准则颁布实施开始。新企业会计准则的顺利颁布与平稳

---

① 财政部会计司：《我国会计准则的国际化进程》，《财务与会计》2002 年第 1 期。

② 曲晓辉、陈少华、杨金忠：《会计准则研究——借鉴与反思》，厦门大学出版社 1999 年版。

实施，得到了 IASB 和世界银行的肯定和赞赏，实现了与欧盟和香港地区的等效。2008 年爆发国际金融危机以后，为响应 G20 领导人峰会倡议，IASB 决定对相关会计准则作出重大修改，主要包括金融工具、公允价值计量、财务报表列报等。这些修订将给我国会计实务带来重要影响，为此，财政部发布了会计准则持续全面趋同路线图，意在动员会计理论和实务工作者积极参与 IFRS 修订，促进 IASB 充分考虑新兴市场经济国家的实际，并努力消除我国企业会计准则与 IFRS 现存的少量差异，实现会计准则的持续全面趋同。

6.2 会计准则国际趋同与高质量财务报告的关系

在全球范围内采用一套统一的会计准则，有利于对不同国家的企业做出对比，但从会计准则国际趋同到最终高质量财务报告的产生，还受其他很多因素的影响。正如本书 5.1 中对各国会计环境差异分析的那样，高质量财务报告目标的实现，不仅仅靠高质量的会计准则，更受制于一国或一个地区政治、经济、法律、文化等环境。只有会计准则以外的其他影响因素日趋接近时，一套跨国的统一会计准则才能指导各国编制出趋同的财务报告成果。

外在环境直接影响到财务报告质量。Hope（2003）指出，财务报告质量是会计准则质量和监管执行等变量的一个函数。缺乏正确的执行，即使是再好的会计准则也不会带来好的效果，而如果没有人对违反规则的行为采取行动，规则依然只是纸上的要求。Ball（2005）断言"执行是 IFRS 唯一致命的弱点"，指出，由于政治和经济等方面原因，在全球范围内 IFRS 的执行是不会平衡的，这必然导致财务报告质量的国际差异，并降低会计信息的可比性。Naomi et. al.（2008）认为，实施 IFRS 后，不同国家之间会计信息质量的差异仍将继续存在，因为会计信息质量实际上是一家公司所处的整体制度环境，包括其所属国家的法律政治体制的函数。

财务报告动机对财务报告质量具有重要影响。Ball、Robin 和 wu（2003）研究了马来西亚、香港、新加坡和泰国等国家和地区在使用 IAS 时所带来的会计透明度的影响，作者将会计透明度定义为会计信息能否及时反映经济收益和损失。研究认为，高质量的会计准则是透明会计信息的前提，但不是充分条件，因为透明会计信息还受到财务报告编制者和审计师报告动机的影响。由外在环境所决定的财务报告动机差异，会降低会计准则国际协调在提高会计信息可比性中的作用。研究结果认为以上国家和地区虽然曾同受英国的殖民影响，但由于经济环境（家族企业、银行信贷主导等）更接近于成文法国家的特点，使得按照普通法国家经济环境发展起来的 IAS 在该地区并未得到完全地执行，财务报告动机比会计准则对会计信息的透明度的影响更大。他们认为，对于那些想要提高财务报告质量的国家而言，必须考虑改变管理层及审计师的动机及其他制度特征，而且上述因素可能比高质量的会计准则更为重要，仅仅减少不同国家会计准则的差异不能解决财务报告质量的差异。①

---

① 参见 Holthausen（2003）中 Ball、Robin 和 Wu（2003）的讨论。

这些研究结论意味着，在会计准则国际趋同过程中，应充分考虑财务报告动机的影响，考虑管理层的意见。如果管理层基于成本等方面的考虑，对于准则要求持反对意见，将可能影响到会计准则执行效果，导致低质量的会计信息产生，无法实现会计准则制定机构的初衷。这要求执行主体尤其是企业提前研究新准则的规定，尽早了解其未来潜在影响，避免等到实际执行时，才发现较大不利影响，进而采取消极对待的态度，影响到会计准则的有效执行。

6.3 基于财务报告厚度的国际准则趋同成本分析

综合收益引入我国并没有明显地提高财务报告的决策有用性，却增添了财务报告的篇幅，增加了财务报告编报成本。实际上，这已非个案和偶然。财务报告越来越冗长已经成为一个不争的事实。在会计准则国际趋同中，IASB 需要照顾各方的关切和各国的会计实践，协调的结果往往是不断增加披露内容。因此，会计准则国际趋同在提高透明度的同时，也必然带来了制度成本的增加。

笔者以 2010 年年底全球 500 强企业为基础样本，根据公开披露财务报告的可连续获得程度，选择中国、欧盟、美国各前 30 家上市公司（全部样本为 90 家公司），从以下两个维度进行了观察：（1）IFRS 执行前后财务报告页数的变化；（2）首次执行 IFRS 后至 2010 年间财务报告页数的变化（具体调查结果详见附录三）。

从 IFRS 实施前后的对比情况来看，中国和欧盟公司的财务报告页数均大幅增加，较实施 IFRS 前都增长了近 30%，绝对平均页数均增加了 22 页，说明实施 IFRS 以后，大幅增加了披露内容，提高了财务报告编报成本。见表 6-3：

表 6-3　中国和欧盟实施国际财务报告准则后财务报告厚度比较

国家或地区	财务报告页数		增长页数	增长幅度
欧盟	2004 年	2005 年	22 页	28.61%
	80 页	102 页		
中国	2006 年	2007 年	22 页	27.71%
	80 页	102 页		

从 IFRS 实施后的持续情况分析来看，2010 年中国和欧盟公司财务报告厚度比首次执行时（中国为 2007 年，欧盟为 2005 年）累计增幅均超过 17%，环比增幅，欧盟为 3.22%，中国为 5.42%，中国相比欧盟增幅更大。而从 IFRS 的重要推动力量美国来看，其 2010 年财务报告厚度比 2005 年增长了 58.14%，超过同期的欧盟高达 41 个百分点；环比增幅为 9.60%，是同期欧盟增幅的 3 倍。这也预示着在 IFRS 下，未来财务报告的厚度仍有大幅增长的可能。另外，实施 IFRS 的中国和欧盟公司的财务报告厚度，是美国公司的将近两倍，进一步说明了会计准则国际趋同所带来直接成本的增加。

表 6-4　财务报告厚度增长国别比较

国家或地区	财务报告页数		增长页数	累计增幅	环比增幅
美国	2005 年	2010 年	15 页	58.14%	9.60%
	43 页	68 页			

续表

国家或地区	财务报告页数		增长页数	累计增幅	环比增幅
欧盟	2005 年	2010 年	18 页	17.17%	3.22%
	102 页	120 页			
中国	2007 年	2010 年	17 页	17.14%	5.42%
	102 页	119			

财务报告变得越来越冗长和难以理解，早就招致会计界的批评。很多的批评指出：对于财务披露来说，并不是越多越好；① 财务报告变得越来越难以理解和解释；② 披露内容往往十分冗长，但缺乏意义；③ 已经超过了投资者决策所需的信息。④ 虽然 AICPA 下属的"会计准则特别委员会"（Special Committee on Accounting Standards） 曾建议不同企业对 GAAP 实行不同的遵循方法，一些国家也要求在年报披露外，单独披露年报摘要等，以试图减缓财务报告冗长的负面影响，但是，从以上对 90 家全球 500 强企业的分析表明，这个问题不但没有缓解，而且有愈演愈烈的

---

① 雷·J.格雷夫斯：《财务披露：何时不再越多越好》，载于《现代财务会计理论——问题与论争（第 5 版）》，夏冬林、陈晓、谢德仁等译，经济科学出版社 2000 年版，第 224 页。

② 萨缪尔·A.迪皮亚滋、罗伯特·G.艾克力著：《建立公众信任——公司报告的未来》，机械工业出版社 2004 年版，第 33 页。

③ 出自安然事件后，"五大"首席执行官于 2001 年 12 月 4 日发表的联合声明，其中指出了美国现行会计准则的缺陷，并就如何提高财务报告质量作了三项表态。引自葛家澍、黄世忠：《安然事件的反思——对安然公司会计审计问题的剖析》，《会计研究》2002 年第 2 期。

④ 雷·J.格雷夫斯，财务披露：《何时不再越多越好》，载于《现代财务会计理论——问题与论争（第 5 版）》，夏冬林、陈晓、谢德仁等译，经济科学出版社 2000 年版，第 226 页。

趋势。IFRS 的实施大大加快了这一趋势，而作为会计准则的领军者——美国，则在这条路上越跑越快。

财务报告的冗长，不仅加大了披露和编报成本，而且混淆了关键财务信息和非关键财务信息，侵蚀了财务报告的整体价值。造成这种现象的原因很多，但其背后实际上是会计准则超负荷的问题。会计准则变得越来越繁杂，越来越晦涩难懂，甚至让人敬而远之，直接影响到财务报告质量和编制成本。

6.4 我国会计准则与国际准则持续趋同的策略

2007 年，我国正式实施新企业会计准则，标志着中国会计准则建设取得了实质性进展。在我国会计准则建设过程中，坚持了"趋同是进步，是方向；趋同不等于相同；趋同是一个过程；趋同是一种互动"的趋同策略；新企业会计准则实施以后，财政部发布了准则持续全面趋同路线图，进一步明确了会计准则的趋同方向和总体策略。客观地说，我国会计准则国际趋同策略很好地处理了国际规则与国家主权之间的关系，既提高了中国经济体系的透明度，又与中国国情相结合。但在持续趋同阶段，如何一以贯之地把握会计准则国际趋同的精神实质，是我国会计准则制定机构需要时刻思考和面对的现实问题。如果说会计准则国际趋同更多的是一项政治决策的话，那么持续趋同阶段对趋同策略的把握，则在更大程度上考验会计准则制定机构的智慧和勇气。

当前，我们正站在会计准则未来发展的十字路口。回望过去，经过多年努力，中国会计准则已经实现与国际准则的实质趋同，并取得了 IASB、世界银行、欧盟、香港等的认同。面向未来，国际金融危机后，IFRS 正进行重大修订，在这些重大修订面前，我们将何去何从？

　　刘玉廷曾指出："借鉴国际惯例不等于照搬照抄，照搬照抄是没有出路的；考虑中国国情不等于闭关自守和保护落后，闭关自守同样是没有出路的"①。冯淑萍也曾指出："对我国会计国际化问题的讨论应该结合我国所处的具体环境和背景，也就是说，要建立在对我国会计环境有清醒的认识的基础之上。我国当前会计环境的特殊性，决定了我国当前会计国际化的进程和要点所在"。② 这说明在 2006 年发布《企业会计准则》之前，我国会计准则制定机构一直强调立足国情、立足我国当前的会计环境，与 IFRS 进行协调。而新会计准则发布之后，尤其是与相关国际组织签订趋同声明后似乎不再强调国情和中国特色，更多地强调参与准则制定过程、影响准则的制定结果、维护我国的权益。

　　还应该清醒地认识到，会计准则国际趋同在带来好处的同时，也为我们增添了掣肘。"一个事物，如果只按照其自己的本性的必然性而存在和行动，就是自由的，但是如果被其他事物所决定，以某种确定的和限定的方式存在和行动，这个事物则是受制的"。③ 因此，持续趋同阶段，既要坚持会计准则国际趋同的大方向不变，又要在具体的趋同策略和方法选择中趋利避害，最

① 刘玉廷：《抓住机遇　巩固成果　全面推进我国的会计改革》，《会计研究》2001 年第 12 期。
② 冯淑萍：《关于我国当前环境下的会计国际化问题》，《会计研究》2003 年第 2 期。
③ ［荷兰］斯宾诺莎著：《斯宾诺莎书信集》，商务印书馆 2009 年版，第 257 页。

大程度地发挥会计准则国际趋同的功效。

6.4.1　正确认识国际准则的功能和作用

通货膨胀目标制为我们提供了有益的启示。众所周知，稳定的低通货膨胀对于经济增长非常关键，而货币政策是影响通货膨胀最直接的因素。因此，各国央行在制定货币政策时，往往会确定一个通货膨胀目标（如 CPI），这就是通常所说的通货膨胀目标制。通货膨胀目标制为货币政策提供了经济学家所说的"名义锚"，让所有货币政策都围绕这个名义锚进行，并在货币政策制定的整体框架中提供了一个关键性的概念因素，从而有助于将决策意图传达给公众，引导通货膨胀预期。而在没有"名义锚"的情况下，各种因素会诱发通货膨胀预期的变化，使得宏观调控变得非常困难。构建良好的通货膨胀目标制，虽然不是确定和实施货币政策的万能药，但它为制定货币政策提供了一个有益的框架。[①]

货币政策中的通货膨胀目标，犹如 IFRS 在会计国际趋同中的角色和作用，它可以被视作会计准则领域的名义锚——准则锚。沿着这种思路，就能够更好地理解国际准则的功能和作用。国际准则首先是一种思想、一种态度，即希望通过国际趋同的行动，推动会计的国际化。国际准则其次是一个"锚"，是一个各国会计准则制定机构可参照的"准则锚"，类似货币政策中的通货膨胀名义锚，成为各国会计准则制定的行动目标。通过国际准

[①]　参考［美］本·S.伯南克、托马斯·劳巴克、费雷德里克·S.米什金、亚当·S.波森著：《通货膨胀目标制：国际经验》，东北财经大学出版社 2006 年版。

则可以引导各国会计准则制定的政策选择预期，起到"锚定"的作用。国际准则最后才是具体的执行标准，对于相对较小的国家，或者主要依靠国际资本流动或跨国公司的国家或地区，甚至可以完全照搬。

因此，国际准则是由趋同的思想，并在这种思想下确立行动的目标，进而在这个目标下达成一个个具体的行动，而所有这些行动都是围绕着国际准则这个"名义锚"进行的。对于国际准则制定机构来说，就是要促进各国会计准则无限接近这个锚；对于各国会计准则制定机构来说，就是要判断和决定要与这个准则锚保持多大的距离；对于财务报告使用者而言，就是要以国际准则为锚，来了解各国会计准则与它的差别，借以判断和度量不同国家之间财务报告的差异，以便在可比的基础上进行决策。但无论如何，有了国际准则锚，就有了一致的参照标准，就可以清晰地判断差异之所在，从而促使各国千差万别的会计准则由混沌世界走向朗朗乾坤。

我们常说，会计是国际通用的商业语言。其实，就语言本身而言，同一种语言在不同的国家和地区，它的发音、用词也不完全相同，如英式英语和美式英语，但不能因此说它们不是同一种语言，因为这种差异，并不会影响或阻碍彼此的交流与沟通。国际准则于各个国家和地区而言，也是同样的道理。因循这个道理，如若中国会计准则不同步引入综合收益的概念，并不足以影响到与 IFRS 的趋同和等效。

目前世界上很多国家和地区，都在以会计准则国际趋同为目标开展工作，并在这一过程中充分维护本国利益。但是各国情况不同、利益不同，如果以此为目标开展国际趋同工作，不允许各国会计准则存在差异，强行追求一套完全相同、放之四海而皆准的国际准则，其难度可想而知。因此，必须进一步深层次地认识会计准则国际趋同的本质。既然国际准则是一个锚，就应当允许各国准则存在一定的"异"，而无须强求完全保持相同。

应该辩证地看待会计准则趋同中的"同"和"异"的关系，"同"是相对的，"异"是绝对的。"趋"是我们的行动方向，"同"并不是终极目标。因此，不应盲目地求同，也不应以求同为终极目标。如果说在会计准则趋同前强调的是"趋同"，那么在会计准则趋同后应更加强调对"异"的把握。要允许和容忍准则存在"异"，而且这个"异"是长期的，但这个"异"必须是可度量的"异"，是透明的"异"，是符合中国国情的"异"。

在持续趋同阶段，重点是对"异"的把握，而不是对"同"的追求。在会计准则实际制定过程中，如何把握这个"异"的度，主要包括三方面的内容：一是要建立定期的会计准则评估机制。即每隔三到五年，对会计准则趋同及执行情况进行详细的评估，说明准则的差异。在评估中要引入审计师、企业等利益相关者，以了解各方的态度。二是要明确准则差异的度，即政策底线，如中国准则与国际准则的资产、负债、权益、净利润、披露的详细程度差异不超过5%或10%等，超过底线的，由更高层次进行决策。三是对于未采纳的国际准则应给予明确的态度，包括是否采纳、不采纳的原因及未来实施的考虑，以增强透明度。

具体到本书讨论的综合收益披露规定，虽然其有理论的合理性，但在我国现阶段应用并不能提高财务报告的决策有用性，因此，完全可以采用暂缓引入的态度，允许存在此项准则差异，同时明确说明暂缓采纳的原因、影响及未来拟采纳的安排等。这种制度安排，既表明了我国会计准则制定机构认同 IFRS 综合收益披露规定，又很好地结合了我国实际情况，降低了会计准则的执行成本。

6.4.2 准确把握中国在国际准则中的角色和作用

著名国际政治学家罗伯特·基欧汉（Robert Keohane）和约瑟夫·奈（Joseph Nye）认为，全球化产生了一个相互依赖的国家体系，在其中跨国规则和组织获得了影响力。① 在全球化的今天，正式和非正式的制度、规则、标准等组成的国际规则，已经超越国家的疆界，影响着不同国家的利益。与市场逻辑不同，国际的逻辑是控制经济发展和资本积累的过程，以增加本国的权力和经济福利。② 因此，对跨国规则的争夺已经成为国际政治的重要内容。

由于国际机制不仅在分配方面发生作用，而且也会对国家的独立自主带来影响，所以，体现在国际机制中的准则、规范和其他因素，一般都反映了该机制中占支配地位的大国权力和利益。③ 2012 年 2 月 11 日，美国布鲁金斯学会罗伯特·卡根在《华尔街日报》上发表了一篇题为《为什么世界需要美国》的文章。这位备受奥巴马欣赏的国际政治学者直言："现行国际秩序

---

① 转引自郑永年：《全球化与中国国家转型》，浙江人民出版社 2009 年版，第 17 页。
② ［美］罗伯特·吉尔平著：《全球政治经济学》，杨宇光、杨炯译，上海世纪出版集团 2006 年版，第 73 页。
③ ［美］罗伯特·吉尔平著：《全球政治经济学》，杨宇光、杨炯译，上海世纪出版集团 2006 年版，第 78 页。

在很大程度上是由美国塑造并且反映美国利益的。如果力量的重心开始向别的国家转移，那么国际秩序也会相应向有利于这些国家的利益方向转移"。可见，谁掌握了国际组织和规则，谁就拥有了形塑国际秩序的权力，谁掌握了跨国组织和规则，谁就赢得主动。

美国的中国经济问题专家巴里·诺顿在其《中国经济：转型与增长》中文版前言中旗帜鲜明地指出："今天，中国站到了大国的门口，即将跨入中等收入生活水平国家的行列。为迎接这一挑战并进入新的发展阶段，中国需要继续适应各种制度，构建自己的能力，并对急剧变化的环境灵活作出反应"。① 经过 30 多年的改革发展，"中国已经成为一个经济超级大国和塑造全球政治秩序的重要力量。"② 扩大在国际组织和规则中的话语权乃至决策权，是中国经济发展的一个必然要求，也符合国际发展的趋势。

IFRS 作为国际规则重要组成部分之一，直接影响到各国的经济利益，围绕 IFRS 的角逐充分说明了这一点。可以说，谁掌握了国际准则的制定权，谁就掌握了一种重要的国际规则话语权，就会赢得国家层面的成本竞争优势。在全球化的今天，这一点显得尤为重要。这是我国会计准则制定机构未来必然面临的一个问题。

纵观会计的发展史，不同的先发国家对会计都作出了特有的贡献。如意大利发明了复式记账方法，英国贡献了真实与公允的会计思想，美国创建了公认会计准则体系。而这些国家无疑都是

---

① ［美］巴里·诺顿著：《中国经济：转型与增长》，安佳译，上海人民出版社 2010 年版，第 4 页。

② ［美］亨利·基辛格著：《论中国》，胡利平等译，中信出版社 2012 年版，VI。

那个时代的翘楚。这些国家的会计成就与其国际地位相映衬，体现了历史必然性。从具体的发展进程来看，这些会计方法和思想的产生，也与特定的历史背景相承接，绝非偶然。卢卡·帕乔利所处的意大利佛罗伦萨，不仅银行业和商业发达，也是意大利文艺复兴时期"文学三杰"和"艺术三杰"等重要代表人员的发源地。① 英国的真实与公允思想，与南海泡沫事件不无关系。美国的公认会计准则体系则直接由资本市场所决定并由大萧条直接催生。

正如意大利学者克罗齐所言："一切历史都是当代史"。而作为一个蒸蒸日上的大国——中国，能为全球会计的发展作出什么样的贡献，又希望作出什么样的贡献？这是中国会计准则制定机构和会计人员需要不断努力和思考的问题。未雨绸缪，积极谋划，构建与我国经济地位相适应的会计强国地位，是必然选择。从会计准则国际趋同角度而言，最根本的就是要取得国际准则话语权乃至决策权，一方面要根据我国经济发展的要求，对国际准则的制定提出要求；另一方面要避免被其他国家转移成本。在当前阶段我国执行综合收益的披露规定，某种程度上就承担了其他

---

① 意大利早期文艺复兴中，文学的主要成就来自但丁、彼特拉克和薄伽丘（号称文艺复兴时期的"三颗巨星"），三人均是佛罗伦萨人。被人们誉为"艺术三杰"的列奥那多·达·芬奇、米开朗琪罗·鲍纳诺蒂、拉斐尔·撒蒂，都和佛罗伦萨有着密切的联系（前两位是佛罗伦萨人）。除上述"文学三杰"以外，意大利的史学成就甚为突出。佛罗伦萨人列奥那多·布鲁尼是人文主义史学家的代表，也是人文主义教育思想的创始人。意大利文艺复兴另一项成就是政治现实主义和理想主义的成长。前者的代表是马基雅维利，他是佛罗伦萨人，被西方学者称为"政治学之父"。参考许海山主编：《欧洲历史》，线装书局 2006 年版。

国家投资者转嫁的制度成本。因此，必须提高会计准则国际协调的灵活性和针对性，使得会计准则国际趋同更好地符合国家利益。

1. 明确会计趋同发展战略

正如王军在 2012 年全国会计管理工作会议上的讲话中指出的，要推动实现中国会计在 2020 年或稍后一点时间步入世界会计强国之列，在国际会计审计标准制定中具有较大的决策参与权，能够发挥较好的示范性作用。① 这样一种战略表现在会计准则国际趋同中，第一，要树立正确的趋同观念。没有正确的观念，一切必将混乱不堪。② 会计准则国际趋同应不以跟随为目的，而是以跟随为手段，今天的跟随就意味着明天的引领。第二，要建立会计准则国际趋同战略研究小组，定期结合国际准则发展动向以及中国经济发展要求，评估中国会计准则国际趋同的战略选择和调整方向。第三，要构筑与战略相匹配的能力及相应的体制机制。好的战略定位，是我们的行动方向；好的能力和体制机制支撑，是实现战略的重要途径。

2. 与时俱进地把握会计准则趋同策略

要根据我国经济发展中出现的新情况、新问题，与时俱进地看待和把握会计准则国际趋同策略。一是中国经济越发展，对会计的要求就越高；中国经济越开放，受外界的影响越强，对会计准则的利益保护要求也就越高。这是我国会计准则国际趋同的内

---

① 王军：《继续解放思想 坚持科学发展 实现从会计大国向会计强国的迈进》，《会计研究》2012 年第 3 期。
② ［法］孔狄亚克著：《人类知识起源论》，洪洁求、洪丕柱译，商务印书馆 2009 年版，第 277 页。

生要求，也是提高准则话语权的根本原因；二是伴随着中国资本市场的迅速发展，其未来必将发挥全球金融资源的配置功能。会计准则作为资本市场重要的游戏规则，必然要体现中国资本市场的发展要求；三是中国"走出去"战略也对会计准则提出更高要求。随着跨国贸易的发展和资本流动，会计要随之"走出去"。"走出去"与"请进来"不同，以前更多的是保护投资者，现在同时也要保护自己；以前是接受规则，现在是要主动设定符合自身利益的规则。

3. 要加强国际组织协调

除了积极争取在国际准则制定机构中的话语权外，还要充分利用多边国际组织，如加强中日韩、中国和欧盟、金砖国家、新兴国家等之间的合作，寻找共识，借助多边力量，去引导国际准则的制定方向。更重要的是要与新兴国家一道，构筑国际准则制定的利益平衡机制，获得与新兴市场国家地位相称的决策权，维护新兴国家的利益。

当然，取得和扩大在国际准则制定中的话语权乃至决策权是一个不断累积的过程，绝非朝夕之间可以完成的，但只有提前构建，从点滴入手，逐渐摆脱跟随的心态，才能在不经意间取得主动。其过程和效果正如梁启超所言："虽聪察者，犹之不觉，然其所演生之迹，乃不可磨灭。"①

6.4.3 合理把握会计准则的技术规范性质

正如前文分析中所指出的，从会计实务来看，财务报告变得

---

① 梁启超著：《中国历史研究法》，东方出版社1996年版，第3页。

越来越冗长，会计准则变得越来越晦涩，距离一般的专业人士已经越来越遥远。这种冗长与晦涩，不仅增加了报告编制和准则学习成本，也不利于发挥会计信息的作用。正如杜兰特在《哲学的故事》中所言："各门科学……都衍生出一整套只有专业人员才能理解的词语。人们的学识越来越丰富，但是，人们发现自己要想向别人表达自己的学识却是越来越困难。"① 回到会计领域，我们也落入这样一种窘境。会计准则内容越来越多，越来越晦涩，已经超过了一般人的接受程度。会计准则有沦为圈内人游戏的风险。从企业的高管，到会计师事务所的合伙人，都逐渐产生一种感觉，就是会计准则离我们渐行渐远。

会计准则作为公共物品，理应让更多的人去理解它、应用它，发挥它的功能和效果。会计的决策有用性目标，客观上要求提高会计准则的可理解性，而降低准则学习成本和提高财务报告质量的要求，也呼唤会计准则回归朴实。因此，会计的专业性应该从属于其社会属性，而不能违背其社会属性。在会计准则制定过程中，必须还原其社会属性，化繁为简，从根本上减少其晦涩和冗长，提高易读性和可理解性，这既是会计实务界的迫切呼唤，也是会计准则制定机构必须面对和解决的问题。

1. 站在会计的视线之外看待会计准则的制定

"凡是懂得各种事物的不同性质的人，一定也能够把它们向别人说明"（苏格拉底）。② 如果不能用简短易懂的语言去描绘会计准则，去表述财务报告，无论这门学科是多么的精微和深奥，

---

① ［美］威尔·杜兰特著：《哲学的故事》，中国档案出版社 2001 年版，第 2 页。
② ［古希腊］色诺芬著：《回忆苏格拉底》，吴永泉译，商务印书馆 2009 年版，第 12 页。

都不能获得别人的理解和认可，因此，会计准则应追求大繁至简。要做到这一点，会计准则制定机构就必须有"超会计"的视界，不仅要使会计准则符合内在的逻辑，更要使其为财务报告编制者所理解，为财务报告使用者所熟知。会计准则固然有其专业性的特点，但不能单纯地站在会计的角度去看待会计，而是应该站在社会的角度、经济的角度和财务报告使用者的角度看待会计准则的制定。

2. **把握会计准则的本质要求**

会计准则应以其最有效的方式，去服务于财务报告编制者和使用者，服务于经济。求全求大，照顾各方利益，只会让会计准则和财务报告变得越来越冗长，也违背会计准则制定的初衷和财务报告的目的。各国会计准则制定机构，应该有义务去协调不同的监管机构，提高披露的一致性和针对性。国际准则制定机构，不能为了趋同和协调各方矛盾而不断增加披露负担，不顾及各国企业的实施成本。我国会计准则制定机构在确定国际趋同的具体策略时，应以决策有用为根本前提，而不是为"同"而"同"。凡是不符合财务报告使用者要求，不能很好地符合经济发展要求的规定，都不应该纳入会计准则趋同的范围。

3. **构建"财务报告云"**

颠覆式的信息技术应用，是未来解决财务报告冗长问题的根本途径。即以"云"的方式将上市公司财务报告系统链接起来，组建"财务报告云"，提供财务报告云服务，并借助搜索引擎的方式，为财务报告使用者了解上市公司的详细财务信息提供有效方法和手段（财务报告云的具体示意图见附录四）。

上市公司的财务报告系统应包括信息披露的全部明细数据，

并基于会计准则的 XBRL 通用分类标准。企业将符合 XBRL 等规定格式的财务报告系统置于开放式的应用平台中，并以"云"的方式加以链接，供财务报告使用者随时查阅。对于财务报告使用者而言，由于其详细程度远远超越现有的财务报告，且处于原始和可加工的状态，因此，能够更好地满足经济决策需要，并协调不同财务报告使用者的信息需求。对于财务报告的提供者——企业而言，财务报告系统本身也是企业日常经营管理的数据来源之一，因此，有助于资源共享。在对外披露时，企业仅需要披露财务报表和关键财务信息即可，从而大大减少披露量，进而降低编报成本。对于审计师而言，只需就对外披露的关键财务信息发表审计意见，对于财务报告系统中的其他信息仅从财务报告内控的角度发表意见即可，从而减少了审计验证的工作量，降低了审计成本。

6.4.4 科学设定会计准则制定程序

"习惯是我们的天性"。[①] 会计准则国际趋同的最大风险之一就是落入路径依赖的陷阱。正确的趋同态度加上合理的会计准则制定程序，不仅是避免路径依赖的重要保证，也是高质量会计准则的重要支撑。无论是美国、欧盟，还是 IASB，都非常重视会计准则制定程序的构建。

1. 建立清晰的会计准则认可机制

（1）设定明确的阻隔程序。可以参照欧盟的做法，建立技术层面和行政层面的会计准则认可机制。其好处在于保证决策机制

---

① ［法］帕斯卡尔著：《思想录》，何兆武译，商务印书馆 2009 年版，第 53 页。

的透明，更易于取得 IASB 的理解和认可，也利于与 IASB 在不同层面进行交流和沟通，取得主动。按照这一思路，可以将会计准则制定的决策权和建议权在现有会计准则委员会和财政部主管部门之间进行适当调整。

（2）将决策程序透明化。目前会计准则国际趋同决策程序嵌在现有的行政程序之中，需要以更加透明的方式加以展现（包括内部的审批程序），以使各方更好地理解会计准则制定机构的立场和态度。

（3）将会计准则制定工作透明化。在国际趋同策略下，由于国际准则整个制定过程是透明的，因此，在我国会计准则制定的技术层面，可以采取比以往更加开放和透明的沟通方式进行。

2. 评估经济后果和成本效益

会计外在环境的差异，要求会计准则制定机构对每一项 IFRS 的影响进行详细评估和论证，仔细辨别，观鉴到底，以判断其是否符合成本效益原则，能否带来好的经济后果。这是确定一项会计准则是否国际趋同的最根本性因素。综合收益引入中国的案例，说明在这方面还需要加强。

会计准则的目的是为了降低交易费用，因此，评估的重点是成本效益和经济后果，尤其是会计准则与我国所处的外部环境的协调性和一致性。这种评估应基于数据和事实，包括引入市场调查公司，了解各方的态度等，而不是纯粹的定性判断，这一点尤其要引起注意。当然在评估中，不仅要考虑会计准则实施的直接成本和效益，也需要考虑其可能带来的潜在收益。正如巴里·诺顿所说："向'正常'制度的趋同以及许多方面的发展，都使中国越来越容易让人理解，由于中国越来越开放，也越来越容易分析，中国的某些特征也越来越清晰"。① 在评估中，不能忘记会计准则国际趋同带来的这种透明度的好处，这毕竟是会计准则国际趋同的主要目的之一。

3. 吸纳各方尤其是企业界广泛参与，提高会计准则博弈程度

"制度是社会博弈的规则"。② 对成本效益的评估并不能完全保证会计准则的合理性。充分的准则博弈，则是确保会计准则符合各方利益的关键要素，这种博弈背后所体现的价值主张，往往能将会计准则自然地引向帕累托最优。

会计准则的制定过程，是一个公共选择过程，国外会计准则制定机构都非常重视遵循"应循程序"（due process）。我国会计准则制定过程中，各方的参与程度还很不充分，尤其是企业界的参与程度不高（刘峰，2000；綦好东、杨志强，2003；刘慧凤，2007）。造成这种状况的主要原因有传统文化的影响、股权结构的因素等等。前文对《企业会计准则——应用指南》反馈意见的分析，说明企业的参与程度还不高，需要在未来的工作中不断加以改进和引导。

在准则征求意见过程中，没提意见，并不代表没有意见，会计准则制定机构必须主动地调动各方面的积极性。在新会计准则的制定过程中，财政部广泛动员，多方征集意见，收到很好的效果。近些年来，一些大型国有企业（如银行业）在监管机构的带

---

① ［美］巴里·诺顿著：《中国经济：转型与增长》，安佳译，上海人民出版社2010年版，第4页。

② ［美］道格拉斯·C.诺斯：《制度、制度变迁与经济绩效》，杭行译，韦森译审，上海人民出版社2008年版，第15页。

动和自身管理的要求下，纷纷成立了会计准则研究小组。在会计准则制定过程中，应充分利用企业的力量，培养习惯，形成长效机制。

4. 充分利用网络媒体，借助民间会计智慧

目前依靠发文等行政手段，收集会计准则的意见是远远不够的；未来应充分借助网络技术的便利优势，发挥民间会计力量，比如建立相应的博客、微博、威客、微信等应用平台，借助众包等网络技术等。网络平台可以让所有人都参与到会计准则的制定和讨论中，人数众多，力量强大，意见和建议也相对客观，而且间接起到会计准则宣传的作用，因此，应依托网络平台充分调动各方对会计准则反馈意见的积极性，并可采用积分等手段，对好的建议给予奖励。

6.4.5　加强会计准则配套体系建设

高质量的会计准则不一定会带来高质量的财务报告，高质量的会计准则也不是凭会计准则制定机构一己之力就可以实现的，无论是高质量的会计准则，还是高质量的财务报告，都需要各方面的广泛参与，并借助各方面的力量。

1. 加强审计师队伍建设

良好的审计师队伍对于会计准则的建设和实施具有重要意义。目前中国的审计师行业，还是由"四大"① 所主导，在中国会计准则制定或国际趋同策略选择过程中，会在不同程度上受到

---

① "四大"指的是世界上著名的四大会计师事务所：普华永道（PwC）、德勒（DTT）、毕马威（KPMG）、安永（E & Y）。

"四大"的影响（在会计准则制定中"四大"往往反馈意见最多，参与程度最深）。"四大"在针对会计准则反馈具体意见时，固然有会计准则内在逻辑的考虑，但不可避免地会顾及其全球标准，因为全球一致的国际准则无疑会降低"四大"的实施成本和风险。

因此，加强本土审计师的力量，发挥他们在会计准则制定中的作用，可以更好地调适国际准则与中国国情的差异，增添本土元素。当然，这并不意味着要排斥"四大"，而是强调发挥多元的力量，只有这样才能使会计准则更好地反映各方面的情况。但在审计师队伍建设上，更重要的是加强会计师事务所内部的利益分配机制建设，尤其是合伙人制度建设。要通过科学的合伙人制度，建立高效的激励与约束机制，改变传统的乃至作坊式的体制，促进会计师事务所加强人才培训、建设和投入力度，不断提高审计师队伍素质，为会计准则建设和实施提供人才保障。

2. 加强会计准则的解释工作

会计准则在实际运用中，会遇到很多具体问题。目前会计实务界对准则的疑问往往通过上报请示文件的方式进行，按照现有的行政程序，这种请示文件通常是以企业的名义上报，不仅效率低，而且在目前的商业文化环境中，这些具体问题往往难以引起公司层面的重视，使得一些问题无法及时反映到会计准则制定层面。

在实际工作中，面对会计准则应用的问题，除了同业间的交流沟通外，企业主要依据审计师的意见进行会计处理。目前中国企业的外部审计往往被"四大"所主导，在规模越大的行业和公司（如电信、石化、金融），这种现象就越明显。因此，"四大"

在会计准则解释中发挥重要作用。

在新准则颁布时，曾先后下发了三期专家组解释，实际效果很好。因此，应如前文所述，在网络平台上建立开放式的平台，以非官方的形式，请经授权的专家委员进行解释，但会计准则制定机构对专家的解释有最终裁量权。对于具有普遍性且能够上升到会计准则技术规范的内容，可进一步形成会计准则解释并予以颁布。

3. 加强理论研究和宣传力度

从本研究中可以看出，综合收益概念在引入我国近三年以后，实务界对其了解程度还很低，某种程度上说明宣传力度不够，理论研究也很不充分。加强理论研究和会计准则宣传，不仅可以提供知识的积累，而且便于对会计准则的理解和应用，对于提高会计准则的应用效果和财务报告质量具有重要意义。事实上，会计准则的引入，已超过准则的范畴，对于促进商业文化的发展、提高全民的会计知识水平也都有着积极的意义。可以说，如果没有新准则实施前后的大规模宣传、培训，在 2008 年的国际金融危机中，国内就不可能有那么多人对公允价值有深刻的理解。因此，在强调会计准则制定的同时，不应忽略准则应用等方面的工作。

6.5　本章小结

本章在介绍不同国家和地区会计准则国际趋同历程及背景后，分析了会计准则国际趋同与高质量财务报告的关系，并基于财务报告厚度对会计准则国际趋同带来的制度成本进行了讨论。上述研究旨在说明：会计准则国际趋同代表了发展方向，但其在增加制度成本的同时，未必能够带来高质量的财务报告。

本章结合我国综合收益不具有价值相关性的具体原因，并基于会计准则国际趋同与高质量财务报告的关系、会计准则国际趋同的制度成本等分析，进一步研究了我国会计准则持续趋同策略，提出了在我国会计准则国际趋同的大方向下，会计准则持续趋同阶段的五项具体对策，从而达到了以综合收益为视角、以归纳演绎为方法、以研判和提出我国会计准则国际趋同策略为目标的研究目的。本章提出的具体对策包括：将国际财务报告准则视同经济学家所说的"名义锚"，取得与中国经济地位和经济发展相适应的准则话语权，从根本上减少财务报告的冗长和会计准则的晦涩，设定科学的会计准则制定程序和加强会计准则配套体系建设等。

毋庸讳言，中国会计准则实现国际趋同以后，在带来诸如增加透明度等好处的同时，也给我们带来些许掣肘，并限制了政策选择的空间。正如哈耶克在《通往奴役之路》中写道的："我们逐渐放弃了经济事务中的自由，而离开这种自由，就绝不会存在以往的那种个人和政治的自由"。① 因此，趋利避害，扬长避短，时刻把握我国会计准则制定的主动权，必将是一个长期的过程。

---

① ［英］弗里德里希·奥古斯特·哈耶克著：《通往奴役之路》，王明毅、冯兴元等译，中国社会科学出版社 1997 年版，第 20 页。

7

研究结论、政策建议与
未来研究方向

本章是对前述各章主要研究结论的归纳总结，并提炼了本书的主要贡献及研究发现，同时分析了本书存在的局限性与不足之处，并提出了未来的研究方向。

7.1 主要研究结论及发现

本书以综合收益价值相关性为切入点。在全面梳理会计学收益与经济学收益发展历程的基础上，对综合收益的内涵进行了阐述，对英国、美国和 IASB 综合收益准则制定历程进行了梳理和归纳，并针对不同国家和地区的综合收益价值相关性进行了实证研究。进而从综合收益价值相关性的理论与实证研究结论扩展开来，对综合收益价值相关性的国别差异进行了原因分析，并以问卷调查加以检验，从而对我国会计准则国际趋同这一命题进行了研究，提出了相关政策性建议。

通过上述研究，本书有以下主要研究结论与发现：

第一，从发展历程看，综合收益的理论源于经济学收益，是会计收益不断丰富和发展以及与经济收益相互调和的结果，也是会计收益概念经历否定之否定后的结果。从理论上看，与传统的会计收益——净利润相比，综合收益更加接近经济的本质，更适应布雷顿森林体系瓦解以来资产价值极具变动的经济现实，具有理论上的合理性与先进性。

第二，从综合收益准则制定历程来看，虽然具有理论上的先进性，但综合收益在会计准则中的实际应用还受制于现实环境的约束，需要考虑利益相关者的需求。说明任何一项会计准则的发布与实施，理论上的先进性是必须要考虑的因素，而现实的需要才是决定性的因素，在会计准则国际趋同的大环境下，需要时刻把握这一原则。

第三，从实证研究结果看，综合收益的价值相关性存在国别差异。我国于 2009 年发布《企业会计准则解释第 3 号》后，综合收益的价值相关性要低于传统的净利润，相对于净利润，其他综合收益不具有增量价值信息。在美国和香港地区，综合收益价值相关性要高于净利润，相对于净利润，其他综合收益具有显著的增量价值相关信息。这说明在美国和香港地区，综合收益、其他综合收益已被财务报告使用者所接受，在净利润基础上，进一步独立披露其他综合收益、综合收益信息，能够更好地满足财务报告使用者的需求，符合决策有用性的目标。

第四，作为本书研究的一项附属发现，在国际金融危机时期会计收益信息不再具有价值相关性，在投资者对公司价值判断过程中的作用非常有限。使用报酬模型对香港和纽约2009—2010年综合收益价值相关性进行实证检验，发现无论是传统的净利润还是综合收益，均不具有价值相关性，或者出现了负相关性，即当出现金融危机，有效市场前提不存在时，会计收益信息价值相关性可能荡然无存。

第五，通过对综合收益价值相关性国别差异的进一步分析，笔者发现，会计准则的实施效果不是会计准则本身所能完全决定的，还受到政治法律、经济、文化、利益相关者的观念和认知等多种因素的影响，本书针对综合收益的问卷调查直接证明了这一点。综合收益价值相关性国别差异说明，仅仅通过会计准则国际趋同难以达到有效提高财务报告质量的目的。高质量的财务报告受一系列制度安排的制约，会计准则仅是这些制度安排中的一部分，因此，会计准则趋同必须充分考虑经济、政治、法律、人文等环境因素。

7.2 我国会计准则未来趋同的政策建议

本书结合综合收益价值相关性、各国会计环境差异、综合收益问卷调查等研究结果，分析我国综合收益不具有价值相关性的具体原因，并考虑会计准则国际趋同与高质量财务报告的关系、会计准则国际趋同的制度成本等限制因素，提出在坚持会计准则国际趋同的前提下，我国会计准则未来持续趋同应采取的以下政策建议：

1. 正确认识国际财务报告准则的功能与作用

本书认为，国际准则是一个"锚"，是一个各国会计准则制定机构可参照的"准则锚"，其作用是确保各国会计准则朝着同一个方向发展，而不必一定囿于同一个航道。对于国际准则制定机构来说，就是要促进各国会计准则无限接近这个锚；对于各国会计准则制定机构来说，只需要判断和决定要与这个准则锚保持多大的距离即可；对于财务报告使用者而言，要以国际准则为锚，来了解各国会计准则与它之间的差异，借以判断财务报告的差异。基于这种对国际准则功能的认识和定位，在未来我国会计准则国际趋同中，应该允许存在"异"，在求"大同"的同时，允许存"小异"。只要具有合理管理"异"的方法和手段，会计准则"大同"的目标就能够很好地实现。

2. 准确定位中国在国际财务报告准则中的角色与作用

掌握国际准则制定的话语权，对于赢得国家竞争优势尤为重要。当历史的车轮行至当今，中国已逐渐成为世界经济的领跑者。与经济地位相适应，我国在未来 IFRS 的制定中也必须发挥更加重要的作用。为此，需要进一步明确会计国际趋同的发展战略，建立会计准则国际趋同战略研究小组，定期评估我国会计准则国际趋同的战略选择；要与时俱进地把握会计准则国际趋同策略，根据经济现实的变化，及时调整政策策略；要加强与其他国家和地区的沟通交往，借助多边力量，实现对会计准则发展方向的引领。

3. 加强对准则技术规范性的把握

会计准则虽然是一项制度安排，但更是一种技术语言，其生命力在于为大众所理解和使用。在会计准则制定过程中，需要考虑其社会属性，化晦涩为易懂，化繁杂为简洁；要能够做到站在会计视野之外看待准则的制定，把握会计准则的本质，以简短易懂的语言描绘会计准则、表述财务报告；要构建"财务报告云"，通过颠覆式的信息技术应用，改变未来财务报告信息提供和获取的方式，既降低披露成本，又灵活多样地满足个性化信息需求。

4. 建立合理的会计准则制定程序

这是避免路径依赖、确保财务报告高质量的制度保障。包括建立清晰的会计准则认可机制，定期评估会计准则的经济后果和制定、执行成本，建立会计准则制定中的沟通交流机制，鼓励各方尤其是企业广泛参与，充分利用网络媒体，激发民间智慧，促使各利益相关方进行会计准则博弈，将会计准则自然引向帕累托最优。

5. 加强会计准则配套体系建设

高质量的会计准则不能保证高质量的财务报告，与会计准则制定相关的配套体系建设也是关键因素。要继续加强审计师队伍建设，发挥审计师在会计准则制定、执行以及财务报告使用中的专业优势；加强会计准则的解释工作，强化理论研究与宣传力度，充分反映会计准则的原始意图，确保会计准则得到有效执行，确保依据会计准则产生的会计信息得到有效应用。

7.3　研究局限及未来研究方向

本书研究的主要思路是透过综合收益价值相关性这一个别事项，归纳演绎会计准则国际趋同的整体效果及策略。这种"以点推面"的研究方法，不可避免地存在以偏概全、有失偏颇的问题。同时囿于数据的局限、研究条件的限制，本书存在一些不足和需后续不断完善之处。

1. 研究对象的个体性

综合收益准则的问题可能仅仅是个性现象，并不一定意味会计准则国际趋同整体存在问题。综合收益准则更多的是信息披露的范畴，而不涉及会计政策选择等会计准则核心范畴。以综合收益准则或者以准则趋同后引入的第一项规定去研判我国会计准则国际趋同策略是否恰当，无论从时间的长度还是内容的宽度来说，可能还有待观察。

2. 研究数据的局限性

由于受数据获取的限制，本书没有对欧盟等其他国家和地区会计准则国际趋同后综合收益的价值相关性进行实证分析，未能对会计准则国际趋同策略提供更为有力的证据。

3. 研究资料的局限性

在对综合收益国别差异进行原因分析时，仅在中国内地进行了问卷调查，未能对其他国家和地区的综合收益价值相关性进行问卷调查，不同会计环境对会计准则的执行效果和作用机制有待进一步分析。

会计准则国际趋同是一项长期性的工作，对于趋同策略的把握，需要根据今后准则制定、实施的实际效果加以评判，实时调整，这都需要未来长期持续研究的支持。

从今后的研究方向来看，一是综合收益价值相关性的国别差异，仍有进一步研究的空间，尤其是伴随着国际财务报告准则的持续执行，数据的时间窗口不断扩展后，还可从不同角度进一步观察和实证，以判别这一概念在实务中的运用效果。二是密切跟踪会计准则国际趋同动态，针对趋同后的各项具体准则，如 **IFRS9** 中金融资产两分类、股权类金融资产取消成本计量的豁免、资产减值计量采用预期损失模型等，作深入的实施效果分析，以判断趋同策略的合理性，这是未来研究的另一方向。

附录一：英国、美国、IASB 和中国综合收益表格式

i—i 英国 全部已确认利得与损失表

	1993 年	1992 年 重新表述
	£ 百万	£ 百万
会计年度利润（Profit for the financial year）	29	7
不动产重估未实现利得（Unrealized surplus on revaluation of properties）	4	6
贸易投资上的未实现利得（损失）（Unrealized（loss）/gain on trade investment）	(3)	7
	30	20
国外净投资上的外币折算差额（Currency translation differences on foreign currency net investments）	(2)	5
本年全部已确认利得与损失（Total recognized gains and losses relating to the year）	28	25

续表

	1993 年	1992 年
		重新表述
	£ 百万	£ 百万
以前年度调整（Prior year adjustment）	（10）	
全部已确认利得与损失（Total gains and losses recognized since last annual report）	18	

资料来源：ASB, FRS 3"Reporting Financial Performance", 1992, para 44。

i—iii 美国 SFAC NO.5 中列示的收益表和综合收益表示例

i—ii—1 企业净收益表①

	现行净收益	盈利
营业收入	$ 100	$ 100
费用	（80）	（80）
非常来源利得	3	3
持续经营所得收益	23	23
停止业务损失		
经营停业部门收益	10	10
出让停业部门损失	（12） （2）	（12） （2）
扣除非常项目和会计原则变更影响前的收益	21	21
非常损失	（6）	（6）

① 本书表中如未做特殊说明，一律用相应数额加圆括号的方式表示该项目为减项。

续表

	现行净收益	盈利
会计原则变更对以前年度的累计影响	(2) (8)	(6)
盈利（Earnings）		$ 15
净收益（Net income）	$ 13	

资料来源：FASB, SFAC 5 "Recognition and Measurement in Financial Statements of Business Enterprises", 1984, para 34。

i—ii—2　企业综合收益表

营业收入	$ 100
费用	(80)
利得（Gains）	3
损失（Losses）	(8)
盈利（Earnings）	$ 15
累计会计调整项目	(2)
与业主交易以外的其他权益变动	1
综合收益（Comprehensive income）	$ 14

资料来源：FASB, SFAC 5 "Recognition and Measurement in Financial Statements of Business Enterprises", 1984, para 44。

i —ii —3　企业综合收益表①

19 * 9 年

［净收益（Net income）		$63,250
税后其他综合收益：		
外币折算调整		8,000
证券投资未实现利得		
本期未实现持有利得	$13,000	
减：净收益中所包含利得的重分类调整	(1,500)	11,500
最低养老金债务调整		(2,500)
其他综合收益（Other comprehensive income）		17,000
综合收益（Comprehensive income）		$80,250］

资料来源：FASB, SFAS 130"Reporting Comprehesive Income", 1997, Appendix B。

i —ii —4　企业收益与综合收益表

19 * 9 年

收入（Revenues）	140,000
费用（Expenses）	(25,000)
其他利得和损失（Other gains and losses）	8,000
股票出售利得	2,000
税前营业收益	125,000
所得税费用	(31,250)
未考虑非常项目和会计变更影响前的 　收益	93,750

---

① 表中基本的合计数都用方括号突出标明，SFAS 130 不仅要求披露这些基本的
合计数，而且必须披露合计数的组成项目。例如，要求披露可售股票未实现
利得或损失、外币项目和最低养老金债务调整的信息。

续表

税后非常项目		(28,000)
未考虑会计变更累计影响前的收益		65,750
税后会计变更累计影响		(2,500)
[净收益（Net income)		$63,250]
税后其他综合收益：		
外币折算调整		8,000
股票投资未实现利得		
本期未实现持有利得	$13,000	
减：净收益中所包含利得的重分类调整	(1,500)	11,500
最低养老金债务调整		(2,500)
其他综合收益（Other comprehesive income)		17,000
[综合收益（Comprehensive income)		$80,250]

资料来源：FASB, SFAS 130"Reporting Comprehesive Income", 1997, Appendix B。

i—ii—5　企业所有者权益变动表

19*9年

留存收益(Retained earnings)		
1月1日余额	$88,500	
净收益(Net income)	63,250	[63,250]
普通股应付股利	(10,000)	
12月31日余额	141,750	
其他综合收益累计发生额		
1月1日余额	25,000	
重分类调整后股票投资未实现利得(见披露)		11,500

续表

外币折算调整		8,000
最低养老金债务调整		(2,500)
其他综合收益	17,000	17,000
综合收益		[$ 80,250]
12 月 31 日余额	42,000	
普通股		
1 月 1 日余额	150,000	
发行普通股	50,000	
12 月 31 日余额	200,000	
实收资本		
1 月 1 日余额	300,000	
发行普通股股本	100,000	
12 月 31 日余额	400,000	
所有者权益总额	$ 783,750	

重分类调整金额的披露：

本期未实现持有利得	$ 13,000
减：净收益中所包含利得的重分类调整	(1,500)
未实现股票投资利得净额	$ 11,500

资料来源：FASB, SFAS 130 "Reporting Comprehesive Income", 1997, Appendix B。

i—iii.IASB

XYZ 集团——20X7 年度综合综合收益表

（截至 20X7 年 12 月 31 日）
（说明在一张报表中综合收益的列报和对利润中的费用按功能分类）

（千货币单位）

	20X7 年	20X6 年
收入	390,000	600,000
销售成本	(245,000)	(230,000)
毛利	145,000	125,000
其他收益	20,667	11,300
销售费用	(9,000)	(8,700)
管理费用	(20,000)	(21,000)
其他费用	(2,100)	(1,200)
融资成本	(8,000)	(7,500)
享有联营利润的份额[i]	3,5100	30,100
税前利润	161,667	128,000
所得税费用	(40,417)	(32,000)
本年持续经营的利润	121,250	9,600
本年终止经营的利润	—	(30,500)
本年利润	121,250	65,500
其他综合收益		
折算国外经营的汇兑差额[ii]	5,344	10,667
可供出售的金融资产[ii]	(24,000)	(26,667)
现金流量套期[ii]	667	4,000
不动产重估利得	933	3,367
设定受益养老金计划的精算利得（损失）	(667)	1,333

续表

	20X7 年	20X6 年
享有联营其他综合收益的份额[iii]	400	（700）
其他综合收益组成部分相关的所得税[iv]	4,667	（9,334）
本年其他综合收益（税后净额）	14,000	28,000
本年综合收益总额	107,250	93,500
利润归属于：		
母公司所有者	97,000	52,400
非控制性权益	24,250	13,100
	121,250	65,500
综合收益总额归属于：		
母公司所有者	85,800	74,800
非控制性权益	21,450	18,700
	107,250	93,500
每股收益（以货币单位表示）		
基本的和稀释的	0.46	0.30

其他综合收益的各组成部分也可以在综合收益表中按照税后净额列报。

本年税后其他综合收益	20X7 年	20X6 年
折算国外经营的汇兑差额	4,000	8,000
可供出售的金融资产	（18,000）	20,000
现金流量套期	（500）	（3,000）
不动产重估利得	600	2,700

续表

本年税后其他综合收益	20X7 年	20X6 年
设定受益养老金计划的精算利得（损失）	（500）	1,000
享有联营其他综合收益的份额	400	（700）
本年其他综合收益（税后净额）iv	14,000	28,000

注：i 这表示归属于联营所有者的在联营利润中的份额，即扣除所得税和在联营中的非控制性权益后的份额。

ii 这是说明汇总列报，同时在附注中披露本年利得或损失及重分类调整。也可以使用总额列报。

iii 这表示归属于联营所有者的在联营其他综合收益中的份额，即扣除所得税和在联营中的非控制性权益后的份额。

iv 其他综合收益的各组成部分相关的所得税在附注中披露。

资料来源：《国际财务报告准则 2008》，中国财政经济出版社 2008 年版，第 849—850 页。

i—iv.中国　其他综合收益列报

项目	本期发生额	上期发生额
1. 可供出售金融资产产生的利得（或损失）金额		
减：可供出售金融资产产生的所得税影响		
前期计入其他综合收益当期转入损益的净额		
小计		
2. 按照权益法核算的在被投资单位其他综合收益中所享有的份额		
减：按照权益法核算的在被投资单位其他综合收益中所享有的份额产生的所得税影响		
前期计入其他综合收益当期转入损益的净额		
小计		

项目	本期发生额	上期发生额
3. 现金流量套期工具产生的利得（或损失）金额		
减：现金流量套期工具产生的所得税影响		
前期计入其他综合收益当期转入损益的净额		
转为被套期项目初始确认金额的调整额		
小计		
4. 外币财务报表折算差额		
减：处置境外经营当期转入损益的净额		
小计		
5. 其他		
减：由其他计入其他综合收益产生的所得税影响		
前期计入其他综合收益当期转入损益的净额		
小计		
合计		

资料来源：《企业会计准则讲解 2010》，人民出版社 2010 年版，第 511—512 页。

附录二：综合收益使用
情况调查问卷

您好!

  我们正在进行综合收益价值相关性研究。根据财政部发布的《企业会计准则解释第3号》的规定，自2009年开始，上市公司的利润表应在"每股收益"项目下增列"其他综合收益"项目和"综合收益总额"项。其他综合收益与净利润的合计数为综合收益。

  本次调查问卷的主要目的是了解净利润、其他综合收益以及综合收益的决策有用性，即上述指标对投资决策、信贷决策以及日常经营管理的价值。本次调查问卷属于不记名调查。调查取得的信息仅做统计分析使用，不用于任何商业用途和信息披露，请您按照实际情况填写即可。

  希望能够占用您3—5分钟的时间填写本问卷，您的答案对我们的研究非常重要。感谢您的参与和支持!

  请您将填写后的问卷同时发送以下信箱：＿＿＿＿＿＿以及＿＿＿＿＿。

问卷主体

请您直接以下划线的方式标明答案，示例如下：

请问您的学历？（单选）

A. 大专以下

B. 本科

C. 硕士

D. 博士

调查问卷具体如下：

1. 请在下列选项中，选择一个最符合您对"综合收益"这个指标的认知情况的选项：（单选）

a. 我是通过问卷前面的介绍了解到的，以前不知道有这个指标；

b. 我是从理论文献、书本、网络等渠道上看到这个指标的，平时很少接触到；

c. 我专门学习或研究过这个指标，平时会提到，但很少使用；

d. 我比较熟悉这个指标，在工作中会用到它；

e. 我在工作中经常接触到这个指标。

2. 在"综合收益"和"净利润"的比较中，您认为下列哪个选项的描述，最符合大家在日常工作中对"综合收益"指标的认识：（单选）

a. 我在工作中未使用过"综合收益"这个指标，无法进行评价；

b. 会使用"综合收益"指标进行对投资对象的企业价值进行分析，"综合收益"指标和"净利润"指标各有利弊，无法区分二者的重要程度；

c. "综合收益"指标虽然涵盖内容更全面，但是由于目前使用还不够广泛，因此，重要性不及"净利润"；

d. "综合收益"指标虽然涵盖内容更全面，但是由于目前业内对它的认识还不完全一致，因此，重要性不及"净利润"；

e. "综合收益"指标虽然涵盖内容更全面，但是目前只是个参考指标，因此，重要性不及"净利润"；

f. "综合收益"指标涵盖内容更全面，考虑因素更充分，能够弥补"净利润"指标的缺陷，因此，比"净利润"指标更重要。

3. 在日常工作中，您对企业的财务状况和经营成果的分析主要会考虑哪些因素，请在下列选项中选择最符合实际情况的一项：（单选）

a. 不从事相关工作，不是很清楚；

b. 只使用净利润指标；

c. 会以净利润指标提供的数据为准，同时也会适当参考那些已确认但未实现、平时不记入利润表的项目，如"可供出售证券公允价值变动产生的其他综合收益"、"套期会计下产生的其他综合收益"、"外币折算产生的其他综合收益"、"与养老金负债相关的其他综合收益"等；

d. 会综合考虑净利润和那些已确认但未实现、平时不记入利润表的项目，如"可供出售证券公允价值变动产生的其他综合收益"、"套期会计下产生的其他综合收益"、"外币折算产生的其他综合收益"、"与养老金负债相关的其他综合收益"等；

e. 主要使用综合收益指标。

4. 您认为以下哪项描述最符合您所在的公司对综合收益的使用情况？（单选）

a. 基本不会用到综合收益；

b. 在预算、计划及考核中不会涉及，主要是在编制财务报告时使用；

c. 在预算、计划及考核中很少涉及，重要性远不及净利润；

d. 在预算、计划及考核中会涉及，但重要性不及净利润；

e. 在预算、计划及考核中广泛运用，与净利润同等重要；

f. 在预算、计划及考核中广泛运用，已经不再提及净利润；

g. 我不了解情况，无法回答这个问题。

5. 请在下列选项中，选择一个最符合您对"综合收益"这个指标的使用情况的选项：（单选）

a. 我不从事相关工作，从未接触过这个指标；

b. 我对这个指标还处在了解阶段，这个指标的数据不会反映在我们的日常管理报告中；

c. 我会使用"综合收益"指标做一些计量和分析的辅助工作，目前的报表和报告还是以利润指标为主；

d. 我已经比较习惯使用"综合收益"指标进行计量和分

析了；

　　e. 我已经很依赖"综合收益"这个指标了。

　　6. 您认为目前在企业内部，"综合收益"这个指标被关注的程度符合下列那个选项的描述？（单选）

　　a. 我不了解情况，无法回答这个问题；

　　b. 几乎没有人关心这个指标；

　　c. 大部分人都不怎么关注这个指标；

　　d. 只有一小部分专业人士专注这个指标；

　　e. 大部分专业人士都在关注这个指标；

　　f. 大家都很重视这个指标；

　　g. 大家都认为这是一个在分析工作中不可或缺的指标。

　　7. 您所在的公司在董事会财务报表审议及投资者问答等活动中，会涉及到对"其他综合收益"指标的探讨吗？（单选）

　　a. 经常提及；

　　b. 有时涉及；

　　c. 很少涉及；

　　d. 从不涉及；

　　e. 我无法回答这个问题。

　　8. 您认为"净利润"指标对企业经营管理决策的影响程度如何呢？请用 10 分制进行评价，其中，10 分代表具有特别显著的影响，1 分代表几乎没有影响。

				几乎没有影响　具有特别显著的影响						不了解，无法回答
1	2	3	4	5	6	7	8	9	10	0

9. 您认为"综合收益"指标对企业经营管理决策的影响程度如何呢？请用 10 分制进行评价，其中，10 分代表具有特别显著的影响，1 分代表几乎没有影响。

				几乎没有影响　具有特别显著的影响						不了解，无法回答
1	2	3	4	5	6	7	8	9	10	0

10. 您认为"其他综合收益"指标对企业经营管理决策的影响程度如何呢？请用 10 分制进行评价，其中，10 分代表具有特别显著的影响，1 分代表几乎没有影响。

				几乎没有影响　具有特别显著的影响						不了解，无法回答
1	2	3	4	5	6	7	8	9	10	0

11. 您认为从综合收益对决策结果的影响来看，下列选项中描述最符合实际情况的是：（单选）

　　a. 未从事相关工作，不是很清楚；

　　b. 未使用"综合收益"指标数据作为决策依据；

　　c. 未能对决策结果的影响进行有效地评估；

　　d. 与以前的决策相比，没有发现使用"综合收益"指标数据进行决策在效果上的差异；

e. 与以前的决策相比，使用"综合收益"指标数据进行决策的效果不理想；

f. 与以前的决策相比，使用"综合收益"指标数据进行决策表现出了更好的效果。

感谢您的参与，访问到此结束，谢谢！

说明：

1. 本附录以《"综合收益"使用情况调查问卷（企业管理者）》为示例，对调查问卷的问题设置和版式进行说明。

2.《"综合收益"使用情况调查问卷（机构投资者）》共9个题目，其中有8个题目的答案设置（包括"机构投资者"对"综合收益"的认知情况、重要性感知情况、使用情况、关注情况，对"净利润"、"综合收益"和"其他综合收益"影响决策的程度的打分情况，以及"综合收益"对决策效果影响情况），分别与"企业管理者"调查问卷的第1、2、3、6、8、9、10和11题相同，并且在问卷设计过程中，根据受访者工作性质，对题目的问法做了适当调整，如将针对"企业管理者"对"企业"的管理、分析和决策过程的提问，调整为针对"机构投资者"对"投资对象"的管理、分析和决策过程的提问。此外，"机构投资者"调查问卷中，增加了一个调查"机构投资者"受访者本人对"综合收益"信息关注程度的题目。

3. 《"综合收益"使用情况调查问卷（审计师）》共 7 个题目，包括审计师受访者对"综合收益"的认知情况、接受审计服务的客户使用"综合收益"的情况、接受审计服务的客户在董事会财务报表审议及投资者问答等活动中提及"综合收益"信息的情况、审计师受访者对"净利润"和"综合收益"及"其他综合收益"影响决策程度的打分情况、以及审计师受访者对"综合收益"在审计工作中的重要程度的判断。对审计师的调查，是从财务报表外部使用和监督的角度，对"综合收益"使用情况和价值相关性的评价，同时，审计师受访者的调查结果，在很大程度上能够起到对企业管理者和机构投资者受访者调查结果进行验证的作用。

附录三：部分全球 500 强公司
财务报告篇幅情况

表iii—i　全球 500 强公司（美国前 30 名）公开披露财务报告篇幅情况

（单位：页数）

	公司名称	2004 年	2005 年	2010 年
1	沃尔玛（Wal-Mart Stores）	20	17	22
2	埃克森美孚（Exxon Mobil）	28	28	39
3	雪佛龙（Chevron）	41	57	40
4	康菲石油公司（Conocophillips）	59	65	55
5	通用电气公司（General Electric）	59	66	65
6	伯克希尔-哈撒韦公司（Berkshire Hathaway）	26	26	36
7	通用汽车公司（General Motors）	51	51	167
8	福特汽车公司（Ford Motor）	37	46	104
9	惠普（Hewlett-Packard）	67	64	82
10	美国电话电报公司（At&T）	53	31	36
11	摩根大通（J. P. Morgan Chase & Co.）	45	46	135

	公司名称	2004 年	2005 年	2010 年
12	麦克森公司（Mckesson）	38	38	53
13	花旗集团（Citigroup）	52	61	149
14	威瑞森电信（Verizon Communications）	34	34	38
15	美国国际集团（American International Group）	21	116	180
16	卡地纳健康（Cardinal Health）	58	81	60
17	房地美（Freddie Mac）	81	55	218
18	Cvs Caremark 公司（Cvs Caremark）	19	19	30
19	联合健康集团（Unitedhealth Group）	22	24	38
20	美国富国银行（Wells Fargo）	51	52	117
21	瓦莱罗能源公司（Valero Energy）	60	71	100
22	宝洁公司（Procter & Gamble）	23	21	24
23	美源伯根公司（Amerisourcebergen）	18	35	40
24	马拉松石油公司（Marathon Oil）	40	40	47
25	家得宝（Home Depot）	17	24	23
26	沃尔格林公司（Walgreen）	16	10	16
27	塔吉特公司（Target）	14	16	16
28	美国邮政（U. S. Postal Service）	13	13	20
29	美可保健公司（Medco Health Solutions）	27	30	35
30	波音（Boeing）	66	60	59

表 iii—ii　全球 500 强公司（欧盟前 30 名）公开披露财务报告篇幅情况

（单位：页数）

	公司名称	2004 年	2005 年	2010 年
1	英国石油公司（BP）	93	130	132
2	道达尔公司（Total）	49	68	88
3	大众公司（Volkswagen）	87	87	79
4	安盛（AXA）	84	194	173
5	荷兰国际集团（Ing Group）	55	98	21
6	埃尼石油公司（Eni）	83	96	115
7	戴姆勒（Daimler）	72	79	78
8	安联保险集团（Allianz）	98	106	147
9	家乐福（Carrefour）	30	50	74
10	意大利忠利保险公司（Assicurazioni Generali）	101	137	103
11	汇丰银行控股公司（Hsbc Holdings）	143	169	136
12	西门子（Siemens）	82	84	117
13	特易购（Tesco）	31	31	64
14	德国电信（Deutsche Telekom）	74	98	92
15	西班牙电信（Telefónica）	138	138	268
16	慕尼黑再保险公司（Munich Re Group）	110	77	138
17	保诚集团（Prudential）	70	139	288
18	沃达丰（Vodafone）	61	61	57
19	雷普索尔—Ypf 公司（Repsol Ypf）	88	110	178
20	苏格兰皇家银行（Royal Bank Of Scotland）	64	98	120
21	莱茵集团（Rwe）	66	68	67
22	英国劳埃德银行集团（Lloyds Banking Group）	55	71	143
23	意大利国家电力公司（Enel）	81	89	103

续表

	公司名称	2004 年	2005 年	2010 年
24	西班牙国家银行（Banco Santander）	164	164	152
25	巴克莱（Barclays）	119	173	88
26	荷兰全球保险集团（Aegon）	60	100	140
27	博世公司（Robert Bosch）	21	45	73
28	法国电信（France Télécom）	119	127	138
29	英国法通保险公司（Legal & General Group）	51	71	109
30	法国国家人寿保险公司（Cnp Assurances）	38	112	116

表 iii—iii 全球 500 强公司（中国前 30 名）公开披露财务报告篇幅情况

（单位：页数）

	公司名称	2006 年	2007 年	2010 年
1	中国石油化工集团公司（Sinopec Group）	95	112	128
2	中国石油天然气集团公司（China National Petroleum）	73	139	121
3	中国工商银行（Industrial & Commercial Bank Of China）	90	117	150
4	中国移动通信集团公司（China Mobile Communications）	70	65	72
5	中国建设银行（China Construction Bank）	117	209	207
6	中国人寿保险（集团）公司（China Life Insurance）	57	78	120
7	中国农业银行（Agricultural Bank Of China）	18	23	147
8	中国银行（Bank Of China）	96	143	201

	公司名称	2006 年	2007 年	2010 年
9	东风汽车公司（Dongfeng Motor）	62	76	101
10	上海汽车工业（集团）总公司（Shanghai Automotive）	66	122	125
11	中国人民保险公司（People's Insurance Co. Of China）	72	81	94
12	宝钢集团有限公司（Baosteel Group）	91	91	95
13	首钢集团（Shougang Group）	56	61	72
14	平安保险（Ping An Insurance）	127	123	142
15	中国铝业公司（Aluminum Corp. Of China）	111	134	155
16	武汉钢铁（集团）公司（Wuhan Iron & Steel）	46	100	82
17	宏碁（Acer）	103	104	109
18	联想集团（Lenovo Group）	66	58	79
19	交通银行（Bank Of Communications）	111	207	159
20	中国联合网络通信集团有限公司（China United Network Communications）	89	92	126
21	和记黄埔有限公司（Hutchison Whampoa）	86	92	107
22	中国交通建设股份有限公司（China Communications Construction）	71	101	113
23	中国中信集团公司（Citic Group）	39	50	48
24	中国电信集团公司（China Telecommunications）	63	87	63
25	广达电脑公司（Quanta Computer）	143	131	145
26	中国华能集团公司（China Huaneng Group）	63	80	129
27	神华集团（Shenhua Group）	69	102	116

	公司名称	2006 年	2007 年	2010 年
28	怡和集团（Jardine Matheson）	71	66	70
29	平安保险（Ping An Insurance）	58	124	142
30	中国铝业公司（Aluminum Corp. Of China）	110	83	156

附录四：财务报告云示意图

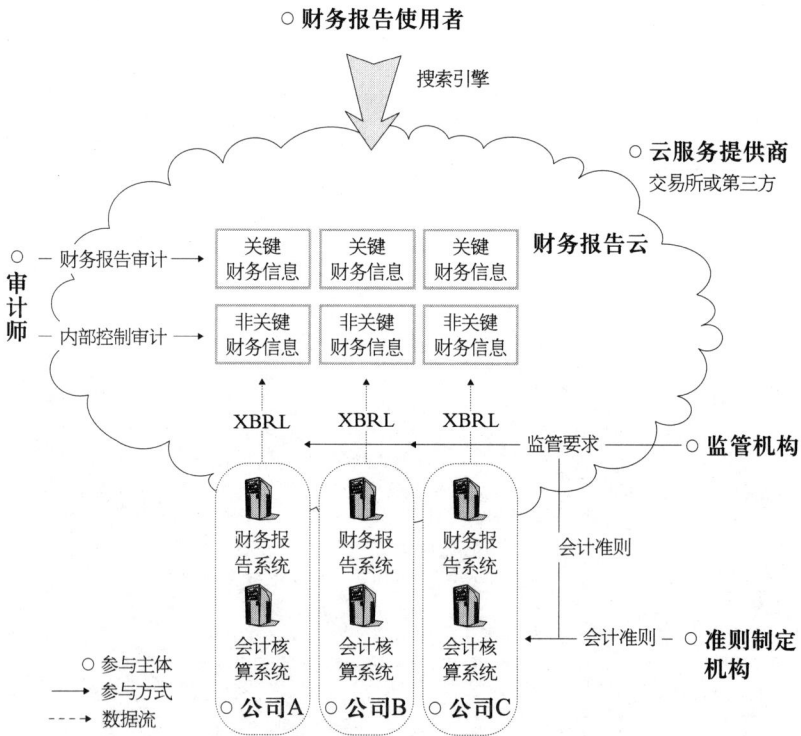

○ 财务报告使用者

搜索引擎

○ 云服务提供商
交易所或第三方

○ ─ 财务报告审计 → 关键财务信息 | 关键财务信息 | 关键财务信息　**财务报告云**

审计师

─ 内部控制审计 → 非关键财务信息 | 非关键财务信息 | 非关键财务信息

XBRL　XBRL　XBRL

监管要求　○ 监管机构

财务报告系统　财务报告系统　财务报告系统

会计准则

会计核算系统　会计核算系统　会计核算系统

会计准则 ─ ○ 准则制定机构

○ 公司A　○ 公司B　○ 公司C

○ 参与主体
→ 参与方式
---- 数据流

财务报告云中各参与者及角色

角色	参与方式
财务报告使用者	通过搜索引擎等方式获取企业财务信息
上市公司	按 XBRL 等方式提供会计信息，并开放其财务报告系统的部分数据
审计师	对关键财务信息进行审计，对非关键财务信息进行内部控制审计
监管机构	制定信息披露等监管要求
准则制定机构	制定会计准则，规范披露行为
云服务提供商	由交易所或第三方提供云服务

参考文献

一、书籍文献

1. 〔美〕埃尔登·S. 亨德里克森著：《会计理论》，王澹如等译，立信会计图书用品社 1987 年版。

2. 〔美〕艾哈迈德·R. 贝克奥伊著：《会计理论》（第四版），钱逢胜等译，上海财经大学出版社 2004 年版。

3. 〔美〕巴里·诺顿：《中国经济：转型与增长》，安佳译，上海人民出版社 2010 年版。

4. 〔古希腊〕柏拉图著：《理想国》，郭斌和、张竹明译，商务印书馆 1986 年版。

5. 〔美〕保罗·A. 萨缪尔森、威廉·D. 诺德豪斯著：《经济学》（第 12 版），高鸿业等译，中国发展出版社 1992 年版。

6. 〔美〕保罗·B. W. 米勒等著：《高质量财务报告》，阎达五等译，机械工业出版社 2004 年版。

7. 〔美〕本·S. 伯南克著：《大萧条》，宋芳秀、寇文红等译，东北财经大学出版社 2009 年版。

8. ［美］本·S. 伯南克、托马斯·劳巴克、费雷德里克·S. 米什金、亚当·S. 波森著：《通货膨胀目标制：国际经验》，孙刚、钱泳、王宇译，东北财经大学出版社 2006 年版。

9. ［英］达尔文著：《物种的起源》，周建人、叶笃庄、方宗熙译，商务印书馆 2009 年版。

10. ［英］弗里德里希·奥古斯特·哈耶克著：《通往奴役之路》，王明毅、冯兴元等译，中国社会科学出版社 1997 年版。

11. ［美］亨利·基辛格著：《论中国》，胡利平等译，中信出版社 2012 年版。

12. 财政部：《企业会计准则（2006）》，人民出版社 2007年版。

13. 财政部：《企业会计准则解释第 3 号》，2009 年版。

14. 陈瑜：《我国会计准则国际协调研究——历程与对策》，中国财政经济出版社 2005 年版。

15. 常勋：《国际会计》，厦门大学出版社 2001 年版。

16. 程春晖：《全面收益会计研究》，东北财经大学出版社 2000 年版。

17. 程小可：《上市公司盈余质量分析与评价研究——基于中国资本市场环境的研究构架与经验证据》，东北财经大学出版社 2006 年版。

18. 崔华清：《中国企业业绩报告的改进问题研究》，中国财政经济出版社 2006 年版。

19. ［美］道格拉斯·C. 诺斯著：《制度、制度变迁与经济绩效》，杭行译，上海人民出版社 2008 年版。

20. ［法］狄德罗著：《哲学思想录》，江天骥、陈修斋、王太庆译，载于《狄德罗哲学选集》，商务印书馆 2009 年版。

21. 美国财务会计准则委员会：《企业财务报表项目的确认和计量》，"美国财务会计概念公告"第 5 辑，娄尔行译，中国财政经济出版社 1992 年版。

22. 美国财务会计准则委员会：《财务报表的各要素》，"美国财务会计概念公告"第 6 辑，娄尔行译，中国财政经济出版社 1992 年版。

23. 费孝通：《美国与中国》，张理京译，世界知识出版社 1999 年版。

24. 高利芳：《基于趋同的会计准则变迁与会计准则执行研究》，厦门大学博士论文 2009 年。

25. 葛家澍著：《制度·市场·企业·会计》，东北财经大学出版社 2008 年版。

26. 葛家澍、杜兴强：《财务会计概念框架与会计准则问题研究》，中国财政经济出版社 2003 年版。

27. 葛家澍、林志军：《现代西方会计理论》，厦门大学出版社 2001 年版。

28. ［德］黑格尔著：《小逻辑》，贺麟译，商务印书馆 2009 年版。

29. IASB：《国际财务报告准则 2008》，中国财政经济出版社 2008 年版。

30. ［美］佳丽·约翰·普雷维茨、巴巴拉·达比斯，莫里诺著：《美国会计史——会计的文化意义》，杜兴强、于竹丽译，中国人民大学出版社 2006 年版。

31. ［美］贾纳金著：《美国公认会计原则指南》，CCH 公司编译，中信出版社 2010 年版。

32. 蒋明翰：《AH 股与 A 股会计信息价值相关性的比较研究》，复旦大学硕士学位论文 2011 年。

33. ［德］康德著：《纯粹理性批判》，邓晓芒译，人民出版社 2004 年版。

34. ［英］克里斯托弗·诺比斯、罗伯特·帕克著：《比较国际会计》（第六版），潘琰主译，东北财经大学出版社 2002 年版。

35. ［法］孔狄亚克著：《人类知识起源论》，洪洁求、洪丕柱译，商务印书馆 2009 年版。

36. ［美］A. C. 利特尔顿著：《会计理论结构》，林志军等译，中国商业出版社 1989 年版。

37. 李丹：《实证会计理论与资本市场》，东北林业大学出版社 2004 年版。

38. 梁启超：《中国历史研究法》，东方出版社 1996 年版。

39. 刘峰：《会计准则研究》，东北财经大学出版社 1996 年版。

40. 刘峰：《会计准则变迁》，中国财政经济出版社 2001 年版。

41. ［意］卢卡·帕乔利著：《簿记论》，林志军、李若山等译，立信会计出版社 2009 年版。

42. ［美］罗伯特·吉尔平著：《全球政治经济学》，杨宇光、杨炯译，上海人民出版社 2006 年版。

43. ［美］罗纳德·哈里·科斯著：《企业、市场与法律》，盛洪、陈郁译校，上海人民出版社 1990 年版。

44. ［美］罗斯·L.瓦茨、杰罗尔德·L.齐默尔曼著：《实证会计理论》，陈少华、黄世忠等译，东北财经大学出版社1999年版。

45. ［战国］吕不韦：《吕氏春秋》，中华书局2007年版。

46. ［古罗马］玛克斯·奥勒留著：《沉思录》，梁实秋译，凤凰传媒集团2009年版。

47. ［德］马克斯·韦伯著：《经济与社会》（第一卷），阎克文译，上海人民出版社2010年版。

48. ［美］迈克尔·查特菲尔德著：《会计思想史》，文硕等译，中国商业出版社1989年版。

49. ［美］米尔顿·弗里德曼、安娜·J.施瓦茨著：《美国货币史》，巴曙松、王劲松等译，北京大学出版社2009年版。

50. 美国财务会计准则委员会：《美国财务会计准则第1—137号》，王世定、李海军主译，经济科学出版社2002年版。

51. ［法］帕斯卡尔著：《思想录》，何兆武译，商务印书馆2009年版。

52. ［古希腊］色诺芬著：《回忆苏格拉底》，吴永泉译，商务印书馆2009年版。

53. ［美］沙拉克·M.萨达甘伦著：《国际会计使用者视角》（第2版），伍利娜、王珂主译，北京大学出版社2006年版。

54. ［美］萨缪尔·A.迪皮亚滋、罗伯特·G.艾克力著：《建立公众信任——公司报告的未来》，刘德琛译，机械工业出版社2004年版。

55. ［美］斯蒂芬·A.泽夫著：《会计准则制定理论与实践：斯蒂芬·A.泽夫教授论文集》，刘德琛译，中国财政经济出版社

2005 年版。

56. ［美］斯蒂芬·A.泽弗、贝拉·G.拉兰主编：《现代财务会计理论——问题与论争》（第 5 版），夏冬林、陈晓、谢德仁等译，经济科学出版社 2000 年版。

57. 裘宗舜、吴茂：《现行成本会计论》，辽宁人民出版社 1992 年版。

58. 曲晓辉、陈少华、杨金忠：《会计准则研究——借鉴与反思》，厦门大学出版社 1999 年版。

59. ［美］W.A.佩顿、A.C.利特尔顿著：《公司会计准则导论》，厦门大学会计系翻译组译，中国财政经济出版社 2004 年版。

60. ［荷兰］斯宾诺莎著：《斯宾诺莎书信集》，洪汉鼎译，商务印书馆 2009 年版。

61. 王化成等：《中国上市公司盈余质量研究》，中国人民大学出版社 2008 年版。

62. 王辉：《综合收益会计》，立信会计出版社 2001 年版。

63. 王松年主编：《国际会计》，复旦大学出版社 2007 年版。

64. 汪祥耀：《英国会计准则研究与比较》，立信会计出版社 2002 年版。

65. 汪祥耀、邓川：《澳大利亚会计准则及其国际趋同战略研究》，立信会计出版社 2005 年版。

66. ［美］威尔·杜兰特著：《哲学的故事》，肖遥译，中国档案出版社 2001 年版。

67. ［加］威廉·R.司可脱：《财务会计理论》，陈汉文等译，机械工业出版社 2000 年版。

68. ［英］休谟著：《人性论》（上册），关文远译，商务印书馆 2009 年版。

69. 许海山主编：《欧洲历史》，线装书局 2006 年版。

70. ［英］亚当·斯密著：《国民财富的性质和原因的研究》，郭大力、王亚南译，商务印书馆 1972 年版。

71. ［古西腊］亚里士多德著：《形而上学》，吴寿彭译，商务印书馆 2009 年版。

72. 郑永年：《全球化与中国国家转型》，浙江人民出版社 2009 年版。

73. 朱丹：《公允价值会计的价值相关性研究——估价层级系统的影响》，重庆大学博士学位论文 2010 年。

二、期刊杂志

74. 财政部会计司：《我国会计准则的国际化进程》，《财务与会计》2002 年第 1 期。

75. 陈元东、赵莹、代蓉：《管理会计在企业的应用：社会组织内部环境的影响》，《财会通讯》（学术版）2005 年第 10 期。

76. 陈信元、陈冬华、朱红军：《净资产、剩余收益与市场定价：会计信息的价值相关性》，《金融研究》2002 年第 4 期。

77. 程小可、龚秀丽：《新企业会计准则下盈余结构的价值相关性——来自沪市 A 股的经验证据》，《上海立信会计学院学报》2008 年第 4 期。

78. 冯淑萍：《关于我国当前环境下的会计国际化问题》，《会计研究》2003 年第 2 期。

79. 葛家澍：《国际会计准则委员会核心准则的未来——美

国 SEC 和 FASB 的反应》,《会计研究》2001 年第 8 期。

80. 葛家澍、黄世忠:《安然事件的反思——对安然公司会计审计问题的剖析》,《会计研究》2002 年第 2 期。

81. 葛家澍、刘峰:《从会计准则的性质看会计准则的制定》,《会计研究》1996 年第 2 期。

82. 胡燕、卢宇琴:《每股收益与每股综合收益的信息含量分析——基于沪市 2009 年上市公司年报数据的检验》,《北京工商大学学报》(社会科学版) 2011 年第 9 期。

83. 刘玉廷:《抓住机遇 巩固成果 全面推进我国的会计改革》,《会计研究》2001 年第 12 期。

84. 刘玉廷:《中国企业会计准则建设、趋同、实施与等效的经验》,《商业会计》2007 年第 5 期(下)。

85. 刘玉廷:《关于中国企业会计准则与国际财务报告准则持续全面趋同问题》,《会计研究》2009 年第 9 期。

86. 毛志宏、王鹏、季丰:《其他综合收益的列报与披露——基于上市公司 2009 年年度财务报告的分析》,《会计研究》2011 年第 7 期。

87. 欧阳爱平、刘仑: 《我国综合收益的价值相关性分析——基于沪市 A 股的数据检验》,《北京工商大学学报》(社会科学版) 2010 年第 11 期。

88. 唐国平、欧理平:《"其他综合收益"具有价值相关性吗?——来自沪市 A 股的经验证据》,《会计论坛》2011 年第 1 期。

89. 汤小娟、王蕾:《全面收益与净利润的信息含量差异研究》,《财会通讯·综合版》2009 年 7 月(下)。

90. 曲晓辉、陈瑜：《会计准则国际发展的利益关系分析》，《会计研究》2003 年第 1 期。

91. 王军：《关于中国企业会计准则体系建设与实施的若干问题》，载于《企业会计准则讲解（2006）》，人民出版社 2007 年版。

92. 王军：《继续解放思想　坚持科学发展　实现从会计大国向会计强国的迈进》，《会计研究》2012 年第 3 期。

93. 吴联生：《利益相关者对会计规则制定的参与特征——基于调查数据的实证分析》，《经济研究》2004 年第 3 期。

94. 谢获宝、尹欣、刘波罗：《综合收益及其构成的价值相关性研究》，《珞珈管理评论》2010 年第 2 期。

95. 于长春：《资产负债表观在〈企业会计准则〉中的应用》，《会计之友》2010 年第 1 期。

96. 郑传洲：《公允价值的价值相关性：B 股公司的证据》，《会计研究》2005 年第 10 期。

三、外文资料

97. AIMR(The Association for Investment Management and Research) , 1993, Financial Reporting in the 1990s and Beyond, Para 88.

98. Barth, 1994, M. E. Fair Value Accounting: Evidence from Investment Securities and the Market Valuation of Banks, The Accounting Review, January, pp. 1 - 25.

99. Barth, M. E. , Beaver, W. H. , and Landsman, W. R. , 1992, The market valuation implications of net periodic pension cost components. Journal of Accounting and Economics, 15, pp. 27 - 62.

100. Barth, M. E. , W. H. Beaver, and W. R. Landsman, 1996, Value-Relevance of Banks' Fair Value Disclosures under SFAS No. 107, The Accounting Review , October, pp. 513 - 37.

101. Barth, M. E. , W. H. Beaver and W. R. Landsman, 2001, 'The Relevance of the Value-Relevance Literature for Financial Accounting Standard Setting: Another View' , *Journal of Accounting and Economics*, 31, pp. 77 - 104.

102. Barth, M. E. , W. H. Beaver and M. Wolfson, 1990, Components of Earnings and the Structure of Bank Share Prices, *Financial Analysts Journal*, 46, pp. 53 - 60.

103. Barth, M. E. and G. Clinch, 1998, Revalued, Tangible, and Intangible Assets; Associations with Share Prices and Non-Market Based Value Estimates, *Journal of Accounting Research*, 36, Supplement, pp. 199 - 233.

104. Barth, M. , Landsman, W. and Lang, M. , 2006, International accounting standards and accounting quality, *Working Paper*.

105. Bartov, E. , 1997, Foreign currency exposure of multinational firms: Accounting measures and market valuation, *Contemporary Accounting Research*, 14, pp. 623 - 652.

106. Beaver, W. H. , 1968, The information content of annual earnings announcements, *Journal of Accounting Research*, The supplement to Vol. 6, pp. 67 - 72.

107. Biddle, G. and J. H. Choi, 2006, Is Comprehensive Income Useful?, *Journal of Contemporary Accounting Research and Economics*, 2 (1) , pp. 1 - 32 .

108. Brimble, M. and A. Hodgson, 2005, The Value Relevance of Comprehensive Income Components in an Asset Revaluation Environment, *Paper Presented at the EAA Annual* Congress.

109. Buchanan, N. S. , 2000, The Economics of Corporate Enterprise, New York: Holt.

110. Cahan, S. F. , Courtenay, S. M. , Gronewoller, P. L and D. R. Upton, 2000, Value Relevance of Mandated Comprehensive Income Disclosures, *Journal of Business Finance and Accounting*, 27(9 − 10), pp. 1273 − 1301.

111. Chambers, D. , Linsmeier, T. J. , Shakespeare, C. and T. Sougiannis, 2006, An Evaluation of SFAS No. 130 Comprehensive Income Disclosures, *Review of Accounting Studies*, 12, pp. 557 − 593.

112. Cheng, C. S. A. , Cheung, J. K. and V. Gopalakrishnan, 1993, On the Usefulness of Operating Income, Net Income and Comprehensive Income in Explaining Security Returns, *Accounting and Business Research*, 23, 91, pp. 195 − 203.

113. Dean, J. , 1951, *Managerial Economics*, New York: Prentice-Hall.

114. Dean, J. , 1954, Measurement of Real Economic Earnings of a Machinery Manufacturer, *The Accounting Review*, 29 (2), pp. 255 − 266.

115. Dechow, P. M. , Hutton, A. P. and R. G. Sloan, 1999, An Empirical Assessment of the Residual Income Valuation Model, *Journal of Accounting and Economics*, 26, pp. 1 − 34.

116. Dhaliwal, D. , Subramanyam, K. R. and R. Trezevant, 1999,

Is Comprehensive Income Superior to Net Income as a Measure of Firm Performance?, *Journal of Accounting and Economics*, 26, pp. 43 – 67.

117. Eccher, E. A. , K. Ramesh, and S. R. Thiagarajan. , 1996, Fair Value Disclosures by Bank Holding Companies, *Journal of Accounting and Economics*, 22 (1—3) , pp. 79 – 117.

118. Easton, P. D. and T. S. Harris, 1991, Earnings as an Explanatory Variable for Returns, *Journal of Accounting Research*, 29 (1) , pp. 19 – 36.

119. Easton, P. D. , Harris, T. and J. Ohlslon, 1992, Aggregate Accounting Earnings Can Explain Most of Security Returns, *Journal of Accounting and Economics*, June, pp. 119 – 142.

120. Easton, P. D. and M. Zmijewski, 1989, Cross-sectional Variation in the Stock Market Response to Accounting Earnings Announcements, *Journal of Accounting and Economics*, 11, pp. 117 – 141.

121. Edwards, E. and P. Bell, 1961, The Theory and Measurement of Business Income, Berkeley: University of California Press.

122. FASB, 2009, Memorandum of understanding "The Norwalk Agreemen", www. fasb. org/news/ memorandum. pdf, September.

123. Feltham, Gerald A. , and James A. Ohlson, 1995, Valuation and clean surplus accounting for operating and financial activities, *Contemporary Accounting Research*, 11(2) , pp. 689 – 731.

124. O'Hanlon, J. , 1989, Accounting earnings, book value, and dividends: the theory of the clean surplus equation (Part 1) , Working paper, Columbia University, 3.

125. O'Hanlon, J. , & Pope, P. , 1999, . The value-relevance of U.

K. dirty surplus accounting flows. *British Accounting Review*, 31, pp. 459 - 482.

126. O'Hanlon, J. , 2000, Discussion of ' Value Relevance of Mandated Comprehensive Income Disclosures' , *Journal of Business Finance and Accounting*, 27(9—10) , pp. 1303 - 1309.

127. Hirst, D. , & Hopkins, P. , 1998, Comprehensive income reporting and analysts' valuation judgments, *Journal of Accounting Research*, 36, pp. 47 - 74.

128. Hirst, D. , Hopkins, P. , & Wahlen, J. , 2004, Fair values, income measurement, and bank analysts' risk and valuation judgments. *The Accounting Review*, 79 (2) , pp. 453 - 472.

129. Holthausen, R. W. and R. L. Watts, 2001, The Relevance of the Value-Relevance Literature for Financial Accounting Standard Setting, *Journal of Accounting and Economics*, 31, pp. 3 - 75.

130. Holthausen, R, 2003, Testing the relative power of accounting standards versus incentives and other institutional features to influence the outcome of financial reporting in an international setting, *Journal of Accounting and Economics*, 36, pp. 71 - 83.

131. Hope, O. K. , 2003, Disclosure practices, enforcement of accounting standards, and analysts' forecast accuracy: An international study, *Journal of Accounting Research*, 41(2) , pp. 235 - 272 .

132. Kanagaretnam, K. , Mathieu, R. and M. Shehata, 2009, Usefulness of Comprehensive Income Reporting in Canada: Evidence from Adoption of SFAS 130, *Journal of Accountancy and Public Policy*, 28 (4) , pp. 349 - 365.

133. Kemper Simpson, 1921, *Economics for the Accountant*, Arno Press Inc.

134. Kothari, S. and J. Zimmerman, 1995, Price and Return Models. *Journal of Accounting and Economics*, 20, pp. 155 – 192.

135. Laureen A. Maines & Linda, 2000, Effects of comprehensive-income characteristics on nonprofessional investors' judgments: The role of financial statement presentation format, *The Accounting Review*, 75, pp. 177 – 204.

136. Lee, Y. , Petroni, K. , & Shen, M. , 2006, Cherry picking, financial reporting quality, and comprehensive income reporting choices: The case of property-liability insurers, *Contemporary Accounting Research*, 23(3) , pp. 665 – 700.

137. Linda Smith. B. , John Jiang, Kath R. Petroni, Isabel Yanyan Wang, 2010, Comprehensive income: who's afraid of performance reporting? *The Accounting Review*, 85(1) , pp. 97 – 126

138. Linsmeier, T. , Gribble, J. , Jennings, R. , Lang, M. , Penman, S. , Petroni, K. , Shores, D. , Smith, J. , & Warfield, T. , 1997, Response to FASB exposure draft: Proposed statement of financial accounting standards—reporting comprehensive income, *Accounting Horizons*, 11, pp. 117 – 119.

139. Loudell Ellis Robinson, 1991, The Time has Come to Report Comprehensive Income, *Accounting Horizons*, June, pp. 109.

140. Louis, H. , 2003, The value relevance of the foreign translation adjustment, *The Accounting Review*, 78, pp. 1027 – 1047.

141. Ohlson, J. A. , 1995, Earnings, Book Values and Dividends in

Security Valuation, *Contemporary Accounting Research*, 11(2), pp. 661 –687.

142. Pinto, J. A. , 2005, How Comprehensive is Comprehensive Income? The Value Relevance of Foreign Currency Translation Adjustments, *Journal of International Financial Management and Accounting*, 16(2), pp. 97 – 122. .

143. Ray Ball and Philip Brown, 1968, An Empirical Evaluation of Accounting Income Numbers, *Journal of Accounting Research*, Autumn, pp. 159 – 178.

144. Robinson, L. E. , 1991, The Time Has Come to Report Comprehensive Income, *Accounting Horizons*, June, pp. 107 – 112.

145. Smith, P. A. and C. L. Reither, 1996, Comprehensive Income and the Effect of Reporting It, *Financial Analysts Journal*, November/December, pp. 14 – 19.

146. Stephen W. Lin& Olivier J. Ramond et al. , 2007, Value Relevance of Comprehensive Income and Its Components: Evidence from Major European Capital Markets, *working paper*.

147. Walker, M. , 1997, Clean Surplus Accounting Models and Market-Based Accounting Research: A Review, *Accounting and Business Research*, 27 (4), pp. 341 – 355.

后　记

会计准则国际趋同是我国会计改革的重大成就，作为一个会计实务工作者，能深切地体会到会计准则国际趋同所带来的好处，但面对后金融危机时代会计准则的持续修订，也感到一种困惑：会计准则向何处去？

会计准则作为规范会计信息生成和输出的标准，归根到底是服务于经济和社会的。会计作为一种交流语言，也终究是为了传递有价值的信息，促进资源的有效配置。面对日趋复杂的经济环境和不断增加的外在压力，会计准则处于不断的膨胀之中。但资产负债表的边界在哪里，会计准则到底为谁而制定，会计准则目的何在……等等一系列问题无时无刻不困扰着会计实务工作者。如若会计准则以及据此生成的财务报告不能让越来越多的人去理解，反而让人敬而远之。那么，会计准则和财务报告的作用势必难以充分发挥。

对综合收益的研究正是从这个角度出发，体现了基于会计实务的一种思考，也期望能为会计准则的制定带来一点启示。当然综合收益不能代表全部，不能以此来推断会计准则制定中的所有问题，更不能片面地以当前的情况推断未来。但无论如何，会计准则的实施必须根植于当下的客观环境，尤其是商业文化和习惯。我们不能寄希望于简单的移植就能达到同样的效果，相反，客观环境的转变并非一日之间能实现的，更不是通过单纯的外在制度变迁所能达成的。当然，如果拘泥于现实环境的限制，也会阻碍前进的步伐，一切都需要精微地比对并不断地加以调适，只有观鉴到底，才能找寻最佳的实施路径。

三年的博士生涯，一晃即逝，其中的点点滴滴依然清晰在心。最为感激的是我的导师王军教授。王老师渊博的学识、开阔的思维、创新的精神、豁达的胸怀、亲切随和的为师风范，使我深为叹服，受益匪浅。王老师以自己之所为诠释了言传身教的含义，他在每一次读书会上的讲话，都让我回味良久。王老师严谨的治学态度和方法，也成为激励我不断前行的动力。从王老师身上，我学到了很多做人、做事、看待问题和思考问题的方法，他对工作和学习的执着态度与锲而不舍的精神，都使我受益终身。

非常感谢财政部科研所的王世定研究员、于中一研究员、李明研究员、杨小舟研究员、徐玉德研究员、孟翠莲老师、郑斐斐老师在学业上给我的指导，他们在我三年的学习中，给予了很多悉心的帮助和关心。

衷心感谢国家行政学院的许正中教授，北京大学的高鹏程老师，财政部会计司陆建桥处长、办公厅程俊峰处长，厦门大学刘峰教授，西南财大的杨丹教授，毕马威会计师事务所陈少东先生、李乐文先生和方海云先生，普华会计师事务所梁国威先生、朱宇先生，德勤会计师事务所王鹏程先生、刘振发先生、范里鸿先生，立信大华会计师事务所郭春亮先生，上海国家会计学院王欣老师以及我的同学马朝松、吴寿元和财政部会计领军班（企业第三、四、五、六期）同学在本书写作期间给予的支持和帮助。

感谢师门的各位学友张政伟、寿如锋、廖芙秀、王建炜、许昕、孙宇光、袁勇刚、赵大全、谭小文、汪求学、尹月芹、毕海、罗洋、杨兆华、刘泉军、卞春艳、杨江英、王洁、黄新炎、刘颖、曹春、葛徐、封军、李旭东、骆向兵、谭啸、高辉等，他们为本书的写作提供了很多帮助。

最后，特别感谢我的家人，感谢远在家乡母亲的哺育之恩和时常的牵挂，感谢哥哥和妹妹给予我的支持和帮助，更是感谢我的妻子杭晓梅一直以来的关心、支持和付出，也感谢儿子李志航给我们带来的快乐和幸福。

责任编辑:曹　春
装帧设计:木　辛
责任校对:周　昕

图书在版编目(CIP)数据

会计准则国际趋同策略:基于综合收益价值相关性的研究/
　李尚荣 著. -北京:人民出版社,2013.4
ISBN 978-7-01-011863-5

Ⅰ.①会… Ⅱ.①李… Ⅲ.①会计准则-研究-中国 Ⅳ.①F233.2

中国版本图书馆 CIP 数据核字(2013)第 052592 号

会计准则国际趋同策略

KUAIJI ZHUNZE GUOJI QUTONG CELÜE
——基于综合收益价值相关性的研究

李尚荣　著

人民出版社 出版发行
(100706　北京市东城区隆福寺街 99 号)

环球印刷(北京)有限公司印刷　新华书店经销

2013 年 4 月第 1 版　2013 年 4 月北京第 1 次印刷
开本:710 毫米×1000 毫米 1/16　印张:16.75
字数:188 千字　印数:0,001-3,000 册

ISBN 978-7-01-011863-5　定价:39.00 元

邮购地址 100706　北京市东城区隆福寺街 99 号
人民东方图书销售中心　电话 (010)65250042　65289539